L'ORACLE DE VOTRE SUBCONSCIENT

Couverture
- Conception:
  GAÉTAN FORCILLO

Maquette intérieure
- Conception graphique:
  JEAN-GUY FOURNIER

DISTRIBUTEURS EXCLUSIFS:

- Pour le Canada:
  AGENCE DE DISTRIBUTION POPULAIRE INC.*
  955, rue Amherst, Montréal H2L 3K4 (tél.: 514-523-1182)
  *Filiale de Sogides Ltée

- Pour la France et l'Afrique:
  INTER-FORUM
  13, rue de la Glacière, 75013 Paris (tél.: 570-1180)

- Pour la Belgique, la Suisse, le Portugal, les pays de l'Est:
  S.A. VANDER
  Avenue des Volontaires, 321, 1150 Bruxelles (tél.: 02-762-0662)

Joseph Murphy

L'ORACLE DE VOTRE SUBCONSCIENT

I-Ching: Le livre des transformations

traduit de l'allemand
par
EVA KAHN

le jour,
éditeur

DU MÊME AUTEUR

Le miracle de votre esprit
La puissance de votre subconscient
Triomphez de vous-même et des autres
Ces vérités vont changer votre vie
Aimer son prochain comme soi-même

Coproduction avec le droit de distribution
mondiale de l'édition française par
Sogides Ltée., Montréal, Canada

Ce livre a été publié en anglais sous le titre:
Secrets of the I Ching
chez Parker Publishing Company, Englewood Cliffs, N.J., USA

Bibliothèque nationale du Québec
Dépôt légal — 2e trimestre 1984

ISBN 2-89044-163-6

Avant-propos

Il existe des ouvrages qui complètent celui-ci. J'utilise et vous recommande d'utiliser soit *I-Ging* — *Das Buch der Wandlungen*, traduit du chinois en allemand et commenté par Richard Wilhelm (publié chez Eugen Diedrichs), soit la traduction française, *Yi King* — *Le Livre des Transformations* par Étienne Perrot (publié chez Médicis), soit la traduction anglaise, *I Ching, The Book of Changes (Princeton University Press)*, *réalisée par Cary F. Baynes, également à partir du texte allemand et pour laquelle Carl Gustav Jung, le célèbre psychologue suisse, a rédigé une superbe préface que je vous conseille tout particulièrement de lire. Cette préface n'est reprise dans son intégralité que dans l'édition anglaise du Yi King. Elle constitue une excellente introduction au monde merveilleux du I-Ching.*

Introduction

Ce que ce livre peut vous apporter

Le présent travail se distingue par son caractère pratique et sa facilité d'utilisation. Le I-Ching y est présenté à travers des formules et des procédés simples que vous pouvez adapter aisément à vos problèmes quotidiens. Il vous indique ainsi quelle voie suivre.

J'ai enseigné les procédés simples décrits dans ce livre lors de nombreux cours auxquels assistaient des hommes et des femmes issus de toutes les couches socio-professionnelles. Nombre d'entre eux venaient de très loin pour participer à ces cours. Les chapitres qui suivent décrivent le fonctionnement et l'interaction du conscient et du subconscient, ainsi que les conséquences qui en découlent. Nous y traitons également les mystérieux principes masculin et féminin que chacun de nous porte en soi. Les textes qui accompagnent chaque hexagramme du I-Ching, que l'on obtient en réponse à sa question, sont rédigés en un langage psychologique simple et compréhensible. Le lecteur chrétien trouvera bon nombre de réponses dans des citations bibliques tout aussi compréhensibles.

Le présent ouvrage vous enseigne l'art d'exploiter les forces miraculeuses de votre subconscient. Les grandes vérités et les principes éternels de votre esprit sont antérieurs à toute religion et à toute philosophie. La sagesse infaillible du I-Ching existe depuis toujours; elle est sans âge. Malgré cela, comme vous le constaterez dans ce livre, elle s'applique pleinement à chacune de vos questions.

C'est pour ces motifs que je vous recommande vivement de mettre à profit la force merveilleuse, magique, transformante, qui est décrite ci-après, cette énergie qui peut vous aider, vous soutenir, vous guider et résoudre vos problèmes. Elle peut collaborer à réaliser vos objectifs, à délivrer votre esprit angoissé et à vous libérer de tout manque, de toute limitation ou de toute frustration. Pour obtenir une réponse à une question déterminée, il vous suffit de suivre un procédé simple, exactement selon les indications données. C'est ainsi que vous pourrez activer les forces infaillibles qui dorment dans les profondeurs de votre esprit.

Rappelez-vous: l'intelligence immense, la sagesse infinie de votre subconscient sont omniscientes — elles savent tout et voient tout. Quant à vous, vous ne faites qu'appliquer un vieux procédé bien éprouvé pour obtenir les bonnes réponses.

Commencez aujourd'hui même, tout de suite. Laissez le I-Ching faire dans votre vie des miracles que vous n'auriez pas crus possibles jusqu'à ce jour.

Joseph Murphy

Chapitre premier

Le livre des transformations et son utilité pour vous

Le *Livre des Transformations*, en chinois *Yi King*, contient une foule d'aphorismes mystiques et d'éléments symboliques apparemment abstrus. Confucius avait déjà atteint l'âge de soixante-dix ans lorsqu'il se tourna vers l'étude du I-Ching. La sagesse qui y est contenue est vieille de quelque cinq mille ans. Lao Tseu, le grand mystique chinois, s'est également adonné à l'étude du I-Ching et beaucoup de ses aphorismes bien connus sont tirés des vérités éternelles contenues dans ce vieux livre de la sagesse, de la vérité et de la beauté. C'est une oeuvre vraiment fascinante que quelques-uns des plus grands penseurs de ce monde, comme leurs écrits en témoignent, ont étudié avec grand intérêt, de nos jours comme par le passé.

Soixante-quatre hexagrammes

Le livre est fondé sur soixante-quatre hexagrammes, c'est-à-dire soixante-quatre "signes" ou ensembles de six traits superposés; les traits sont soit pleins, soit brisés. Ces hexagrammes révèlent le message de cet ouvrage. Le *jugement* dans le texte qui accompagne chaque hexagramme résume votre état d'esprit subconscient du moment ainsi que votre situation de vie extérieure, et indique le résultat que vous pouvez attendre. L'*image* vous livre la signification symbolique des traits de l'hexagramme et explique comment il faut appliquer ces traits dans la situation précise où vous vous trouvez sur le plan personnel, social, professionnel ou mondain.

Comment fonctionne le I-Ching

Richard Wilhelm, le renommé savant allemand qui fut le disciple d'un sage chinois et qui est considéré comme une autorité hors pair dans le domaine de la sagesse cryptique du I-Ching, explique ainsi l'utilité de ce livre: "Le fonctionnement du *Livre des Transformations* pourrait être comparé à un circuit électrique qui atteint toutes les situations. Celui-ci fournit seulement le potentiel d'éclairage, mais il n'éclaire pas. Lorsque l'interrogateur établit le contact avec une situation déterminée, le courant passe et la situation en question est éclairée.*"

C'est une explication simple du fonctionnement du I-Ching à laquelle nous pouvons nous rallier.

Le principe du changement perpétuel

les mystiques chinois qui jadis avaient conçu le I-Ching étaient maîtres dans l'art préscientifique de la psychologie. Ils percevaient intuitivement les lois qui régissent le cosmos, la

---

* Richard Wilhelm, *I-Ging — Das Buch der Wandlungen*, Eugen Diederichs Verlag, Düsseldorf, 1972, p. 292.

société humaine et la psyché des hommes. Ils acceptaient les oppositions dans notre monde tout comme le principe du changement perpétuel. Il y a des hauts et des bas, la nuit et le jour, la pluie et le soleil, la chaleur et le froid, le masculin et le féminin, le conscient et le subconscient, les angles et les courbes, l'aigre et le doux, le bien et le mal, la douleur et le plaisir, la tristesse et la joie.

Le I-Ching nous montre comment nous pouvons accéder à une paix et à une harmonie intérieures en nous mettant au diapason de l'immense sagesse qui est en nous et comment donner ainsi à notre vie sérénité et équilibre.

Le *Livre des Transformations* vous fait comprendre que tout passe. Rien ne dure pour toujours. Il vous apprend à revenir au "centre", qui n'est rien d'autre que le Tao, l'origine de l'être ou le Divin, et à vous situer en harmonie avec Dieu. Lorsque vous vous sentez équilibré, serein, calme, tranquille et en présence de Dieu, vous êtes en mesure de prendre les décisions qui s'imposent pour maîtriser n'importe quelle situation.

La signification du temps

Dans ce monde, il y a un temps pour tout. Il y a un temps pour semer et un temps pour récolter. Il y a un temps pour le travail et un temps pour le repos. Il y a un temps pour agir et un temps pour attendre. Le temps est aussi psychologique: il est un état de conscience. C'est votre pensée, vos sentiments, votre perception.

Quand votre subconscient est rempli de confusion, qu'il déborde de rancoeur et d'hostilité, l'hexagramme vous avisera que le temps n'est pas propice aux décisions; votre état d'esprit mènerait à l'échec.

Comment approcher le I-Ching

Le I-Ching n'est pas un livre qui vous dit la bonne aventure. Dans les chapitres qui suivent, vous apprendrez la manière de consulter les hexagrammes selon un procédé qui vous permet d'activer les forces spirituelles de votre subconscient.

Si vous sollicitez une réponse du I-Ching, il faut que vous le preniez au sérieux. Soyez honnête et sincère; gardez un respect salutaire pour le Divin, qui façonne votre destin. Vous consultez une sagesse millénaire. Le I-Ching vous enseigne comment créer l'harmonie au "centre". La fortune alors sera toujours avec vous. Vous pourrez faire passer le courant de paix divine sur les eaux agitées de la vie. Tous les contraires se transforment en leurs propres contraires. Lorsque vous êtes en accord avec l'Infini, aucun changement ne peut vous troubler.

Votre prochaine démarche

Une de mes parentes, dont la fille avait disparu depuis un an, interrogea le I-Ching et reçut en réponse l'hexagramme 5. Elle comprit intuitivement le message exprimé sous forme de conseil: il serait avantageux pour elle de traverser les grandes eaux. Après avoir consulté le I-Ching, elle eut un rêve qui lui indiqua la présence de sa fille à Londres ainsi que le lieu précis de son domicile. Dans l'heure, la mère partit pour Londres par avion et sauva sa fille d'une situation qui aurait sans aucun doute conduit celle-ci à une mort morale, psychique et peut-être même physique.

Le I-Ching révèle votre état d'esprit du moment, ou bien celui de quelqu'un d'autre. Une fois que vous connaissez cet état d'esprit, vous pouvez élaborer la solution, votre "prochaine démarche". Le I-Ching ne vous donne pas de conseils spécifiques; il parle de vous. Sa lecture et votre propre interprétation de vous-même vous permettront d'établir l'harmonie et l'unité dans le lieu secret du Divin en vous, et tout sera pour le mieux.

Le procédé le plus répandu pour interroger le I-Ching

Le procédé le plus courant utilisé par de nombreux adeptes du I-Ching est celui où l'on jette trois pièces de monnaie d'égale valeur. On jette les pièces six fois en tout, notant à chaque jet quel côté (pile ou face) se trouve dessus. En fait, il importe peu que l'on utilise des pièces de monnaie ou bien d'autres objets (par exemple, des tiges d'achillée), puisque tout le procédé ne sert qu'à établir la disposition d'esprit réceptive dont tout dépend.

Lorsque vous vous rendez compte que vous activez tout simplement la sagesse de votre subconscient, lorsque vous adoptez une attitude passive et réceptive, peu importe que vous utilisiez des pièces de monnaie, des tiges d'achillée ou des pièces chinoises percées au milieu. Vous devriez cependant être respectueux de l'intelligence infinie de votre subconscient et savoir que c'est elle seule qui connaît la bonne réponse.

Vous utilisez un procédé mécanique pour solliciter les agents spirituels dans les profondeurs de votre subconscient. On pourrait dire également que vous entrez en contact avec votre conscience et votre moi supérieurs, votre moi subliminal ou votre intelligence infinie. mais ce genre de verbalisme ne mène nulle part. Il suffit de savoir que les profondeurs de votre subconscient détiennent les solutions à tous les problèmes que vous pouvez rencontrer*.

---

* Voir également; *La Puissance de votre subconscient* par le Dr Joseph Murphy, Le Jour, Éditeur, 1983.

Pourquoi ce livre

Il y a quelques mois je donnais en soirée une série de cours auxquels assistait un groupe de personnes très attachantes, de tous âges et de toutes professions. J'expliquais le sens du I-Ching à la lumière de la Bible et de nos connaissances actuelles des lois psychomentales. Femmes et hommes, banquiers, médecins et agents immobiliers, secrétaires et vendeuses, acteurs et actrices, employés de bureau et fonctionnaires, tous posaient des questions au I-Ching pendant ces rencontres. Tous étaient d'accord pour admettre que les hexagrammes obtenus étaient parfaitement adaptés à leurs problèmes respectifs, et qu'ils étaient d'une aide précieuse. Un agent immobilier évita une perte de cent mille dollars grâce à cette question: "Dois-je investir dans le projet immobilier qui vient de m'être présenté?" La réponse — qui s'est avérée la bonne — était un "Non" retentissant.

Le présent volume s'adresse au profane, à Monsieur Tout-le-Monde, quel que soit son métier, à la femme, qu'elle soit ménagère ou engagée dans une activité professionnelle. Il n'a pas la prétention de vouloir se substituer aux excellents ouvrages sur le I-Ching que sont l'édition allemande de R. Wilhelm, la version anglaise de C. F. Baynes ou la version française d'Étienne Perrot dont, à l'avant-propos, j'ai recommandé la lecture.

Je n'aborderai pas ici les côtés extrêmement technique, mathématique, allégorique, figuratif et mystique du I-Ching. Mon intention est simplement de faire comprendre au "commun des mortels" le mysticisme et le symbolisme de l'Orient.

En lisant mes commentaires, vous rencontrerez des vérités bibliques simples et familières ainsi que des indications pour leur application psychologique dans la vie de tous

16

les jours. En écrivant ce livre, j'ai donné priorité à une présentation simple et à la facilité d'utilisation. On y trouve de nombreux exemples vécus qui illustrent comment vous pouvez obtenir des réponses qui vous aideront à résoudre vos problèmes. Par ailleurs, vous prendrez certainement plaisir à développer vos facultés intuitives, de sorte que vous connaîtrez des illuminations spontanées correspondant dans tous les détails à l'hexagramme que vous aurez obtenu pour une situation déterminée.

Empruntez ce chemin de la sagesse orientale, progressez, avancez à la rencontre de Dieu.

Résumé

1. Le *Livre des Transformations* abonde en paroles obscures et en abstractions symboliques. Confucius et Lao Tseu l'ont étudié en profondeur et beaucoup de leurs aphorismes s'inspirent du I-Ching.

2. Un hexagramme est un signe composé de six traits pleins ou brisés. Ces traits révèlent votre état d'esprit actuel et vos convictions subconscientes.

3. Le fonctionnement du I-Ching peut être comparé à un circuit électrique. Celui-ci n'est qu'un éclairage potentiel: il ne donne pas de lumière. Lorsque, par votre question, le contact est établi avec une situation déterminée, vous êtes en mesure d'activer le pouvoir spirituel de votre subconscient.

4. Le I-Ching vous fait comprendre que vous pouvez établir la paix et l'harmonie dans votre vie en vous accordant avec la sagesse infinie, la raison originelle de votre être, avec le Divin en vous et en vous laissant guider par l'harmonie et l'amour de Dieu.

5. De plus, le I-Ching démontre que, dans notre monde objectif et tridimensionnel, il y a un temps et une place pour tout. Il y a un temps pour semer et un temps pour récolter. Il y a un temps pour le travail et un temps pour le repos. Quand la confusion règne en vous, ce n'est pas le bon moment psychologique de prendre une décision ou d'agir.

6. Le I-Ching n'est pas un livre de bonne aventure. Cet ouvrage vous permet de consulter une sagesse vieille de plus de cinq mille ans. Le I-Ching vous apprend à créer l'harmonie au "centre" de votre être; alors tous vos chemins seront agréables et paisibles.

7. Le I-Ching vous informe toujours de votre état d'esprit du moment ou de celui d'une autre personne. Dès que vous avez compris celui-ci, vous pouvez préparer la démarche suivante en vue d'une solution.

8. Le procédé de consultation le plus répandu est celui où l'on jette des pièces de monnaie. Si vous êtes sincère et réceptif, si vous avez le sentiment de savoir ce que vous faites, votre subconscient vous livrera l'hexagramme approprié.

9. Vous ne faites rien d'autre qu'appliquer un procédé mécanique pour puiser dans les forces spirituelles de votre subconscient.

10. Ce livre est destiné à des gens comme vous et moi. Il ne s'embarrasse pas de langages mystiques, métaphysiques ou allégoriques et, de ce fait, quiconque pose une question sera capable de comprendre la réponse. Ce livre s'adresse à vous.

Chapitre 2

Les huit trigrammes de base du I-Ching

La classification suivante vous donne un bref aperçu des huit symboles qui sont à la base du *Livre des Tranformations*.

Symbole	Nom	Attribut	Image	Place dans la famille
	K'ien, le créateur	fort	le ciel	père
	K'ouen, le réceptif	soumis, abandonné	la terre	mère
	Tchen, l'éveilleur	en mouvement	le tonnerre	1er fils
	K'an, l'insondable	dangereux	l'eau	2e fils
	Ken, l'immobilisation	en repos	la montagne	3e fils
	Souen, le doux	pénétrant	le vent, le bois	1re fille
	Li, ce qui adhère	lumineux	le feu	2e fille
	Touei, le serein	joyeux	le lac	3e fille

La signification psychologique générale des huit trigrammes

K'ien et **K'ouen** représentent votre conscient et votre subconscient, les principes masculin et féminin en chacun de nous. Ainsi des idées, des aspirations, des désirs que vous chérissez, que vous intériorisez sur le plan émotif et que vous ressentez comme authentiques descendent dans votre subconscient où ils passent par une sorte de mort pour resurgir comme réponse à votre prière. On pourrait illustrer ce processus de la façon suivante: un pépin de pomme est déposé dans le sol; il subit une sorte de métamorphose par laquelle il deviendra un vigoureux pommier qui grandira et portera des fruits.

Tchen, l'éveilleur, le premier fils (ou la première idée), représente vos pensées prédominantes, votre désir le plus ardent, ce que vous voulez atteindre.

K'an, l'insondable, le deuxième fils, signifie votre limitation actuelle. Vos pensées vous viennent toujours par paires. Par exemple, vous pensez que vous devez prendre conseil pour la solution d'un problème et en même temps vous pensez: "Il n'y a pas d'issue." Cette deuxième pensée doit mourir tandis que la première doit vivre. La pensée négative (le deuxième fils) meurt lorsque vous vous rendez compte qu'il y a dans votre subconscient une intelligence infinie qui sait tout, qui voit tout et qui vous répondra.

Ken, l'immobilisation, le troisième fils, exprime qu'il faut mettre les rouages de votre esprit au repos et concentrer votre attention sur votre objectif, votre désir, en sachant qu'il existe une force toute puissante qui réagit à l'objet de votre concentration.

Souen, le doux, la première fille, signifie: tandis que vous vous imprégnerez avec calme et amour de votre idéal et de l'esprit de Dieu, vous éprouverez un sentiment d'union qui aplanit les eaux de votre âme et vous donne la certitude que votre prière sera entendue.

Li, ce qui adhère, la deuxième fille, exprime que vous êtes persévérant dans la foi et dans la confiance, que vous êtes déterminé à atteindre votre but, parce que vous savez que celui qui persévère jusqu'au bout connaîtra le succès. Ce symbole signifie aussi l'amour du bien, ce qui veut dire que vous êtes sur le plan émotif attaché à tout ce qui est noble et ressemblant à Dieu.

Touei, le serein, la troisième fille, représente la joie et la satisfaction que nous ressentons après avoir mené à bien une entreprise ou une tâche. L'ingénieur qui est venu à bout d'un problème délicat dans la construction d'un pont éprouvera une joie semblable. Il est dit dans la Bible: ... *la joie de Jahvé est votre forteresse.* (Néhémie, 8: 10.)

Après avoir parcouru ces échelons de la prière — ou du souhait intense —, vous avez réussi à imprégner votre subconscient; vous connaîtrez la joie de la prière exaucée, la joie de voir votre souhait se réaliser.

Trigrammes lumineux et obscurs

Les trigrammes lumineux et obscurs représentent les aspects masculin et féminin de votre être. Un trigramme est composé de trois traits. Deux trigrammes, soit six traits, forment un hexagramme. Lumineux signifie masculin, obscur signifie féminin.

Les traits pleins sont masculins, les traits brisés, féminins. Dans l'exemple illustré ci-contre, les traits marqués 1, 3 et 5 sont lumineux ou masculins, tandis que les traits marqués 2, 4 et 6 sont obscurs ou féminins. Les nombres impairs sont masculins, les nombres pairs sont féminins.

L'hexagramme et sa signification

Un hexagramme se compose de six traits qui représentent l'être humain. L'homme est constitué d'un esprit, d'une âme et d'un corps: ce sont des degrés différents d'une même chose: l'Esprit. Prenons comme analogie la glace, l'eau et la vapeur: tous trois sont substantiellement identiques, mais avec des degrés de vibration différents. La vibration moléculaire de la vapeur est nettement plus élevée que celle de l'eau. L'eau est utilisée comme boisson, la glace pour conserver la nourriture, et la vapeur, par exemple, pour le repassage des vêtements. Chaque forme a une fonction différente, et pourtant elles ont toutes la même formule: H_2O.

La matière est le degré le plus bas de l'esprit, et l'esprit est le degré le plus élevé de la matière. Quand, un jour, on demanda au célèbre Albert Einstein ce qu'était la matière, il répondit que c'était l'énergie rendue visible. ''Énergie'' est un terme scientifique pour l'esprit.

L'hexagramme et la trinité

Les Chinois expliquent la trinité par l'image d'un père, d'une mère et d'une enfant. Lorsque deux choses s'unissent, nous en obtenons une troisième. Quand l'homme féconde l'ovule de sa femme, il obtient un fils qui témoigne de l'existence du père et de la mère. Transposé en un simple langage psychologique, cela veut dire: votre conscience est le père qui engendre l'idée ou le désir. La mère, c'est l'aspect féminin en vous, votre subconscient; la Bible le nomme ''les entrailles'', ce qui implique un état d'esprit réceptif par lequel vous acceptez pleinement votre désir. Ce désir, si vous le chérissez avec émotion et enthousiasme, sera accueilli dans votre subconscient; la réponse à votre prière est le fils, c'est-à-dire l'expérience ou l'événement que vous avez désirés. Votre subconscient exprime toujours ce qui lui a été imprimé.

Les six traits et les trois aspects de l'être humain

Les deux traits inférieurs représentent votre corps, votre environnement et le monde; les deux traits du milieu représentent l'être humain ou l'âme; les deux traits supérieurs représentent l'esprit. Le mot "corps" ne comprend pas seulement votre corps physique, mais aussi votre environnement, votre condition, votre statut social et tout ce qui fait partie de vous sur le plan tridimensionnel du monde matériel. Le terme "être humain" (homme) fait allusion à l'âme, qui doit âtre comprise ici comme votre subconscient, le médium créateur, le principe féminin. "Esprit" signifie votre conscient; cela ne veut pas dire que votre conscient, votre raison soit saint, pur, immaculé comme l'Esprit divin, mais plutôt que votre conscient est esprit de par sa fonction, car vous avez la capacité de faire des choix et de prendre des initiatives que vous transmettez à votre subconscient; ce subconscient, constructif et créatif, intériorise votre pensée et lui donne corps sur l'écran de l'espace.

Une sagesse chinoise: le créateur et le réceptif

Lao Tseu disait: "Un engendre deux, deux engendre trois et trois engendre toutes choses." Dieu est l'Esprit vivant et tout-puissant, un et indivisible. En vue de la création, Dieu se divise en deux, le masculin et le féminin, le principe du père et de la mère. Tout est créé par la contemplation de l'Esprit. L'Esprit se contemple lui-même, comme le soleil, la lune, les étoiles, les galaxies dans l'espace et tout ce qui y est contenu.

Son image est reflétée dans l'aspect féminin de lui-même. Toute chose est produite à l'image et à la ressemblance de l'aspect masculin. En d'autres termes: le principe masculin est désigné par le chiffre 1, le féminin par le chiffre 2, et l'union des deux engendre le 3 ou tout l'univers. C'est comme cela que tout a été créé, et rien n'existe qui n'ait été créé de cette manière.

"Le créateur" et "le réceptif" sont les termes utilisés dans le I-Ching pour représenter le principe père-mère, ou Dieu divisé en deux en vue de la création. Selon la vieille sagesse chinoise, tout l'univers — les animaux, les hommes, la terre, l'univers avec les galaxies infinies de l'espace — est né de l'interaction de ces deux principes. C'est cela la base proprement dite de l'enseignement du I-Ching.

L'homme crée selon le même principe

Vous avez été créé selon l'image de Dieu et à sa ressemblance. Autrement dit: votre esprit est l'Esprit de Dieu, votre âme est l'âme de Dieu, et le principe de vie (Dieu) agit en vous. Votre univers matériel et spirituel (corps, condition, environnement, expérience) est à l'image et à la ressemblance de vos convictions.

En termes simples, l'essentiel de l'enseignement du I-Ching, consiste en ceci: lorsque votre conscient et votre subconscient oeuvrent ensemble harmonieusement et simultanément, en accord avec les idées divines et les vérités éternelles, les "enfants" — les résultats, vos expériences, votre vécu — d'une telle interaction harmonieuse seront bonheur, paix, sécurité et plénitude. Si ces deux composantes de votre esprit agissent de concert et en accord avec les vérités immuables, vous serez heureux sur terre. Sur le plan physique, c'est la même chose: si le mari et la femme collaborent harmonieusement, s'ils s'aiment et se respectent en louant chacun Dieu dans l'autre, leur mariage, au fil des années, trouvera un bonheur de plus en plus grand. Les époux s'épanouiront, ils seront heureux, ils réussiront tout ce qu'ils entreprennent; les enfants refléteront cette harmonie des parents. C'est pourquoi il est dit: "La sagesse est justifiée par ses enfants."

La signification psychologique des nombres

Dans le I-Ching comme dans la Bible, les nombres représentent des attributs et des pouvoirs de Dieu. Par exemple, le nombre "un" est un symbole de Dieu, qui apparaît souvent dans la Bible. Dieu ou Un, est origine et source de toutes choses.

Deux signifie deux unités, ou deux fois un; quatre signifie quatre unités, et ainsi de suite. Deux indique la division, les contraires, tels que masculin et féminin, nuit et jour. Psychologiquement parlant, deux représente votre désir. Quand vous avez un désir, un souhait, votre esprit est divisé; vous n'êtes pas dans un état de plénitude, d'unité. Vous devez alors fortifier et soutenir votre désir, lui accorder de l'attention, sachant qu'en méditant sur l'objet de votre désir, il sera assimilé, intégré par votre subconscient.

Trois signifie la conviction, l'imprégnation subconsciente de votre désir, lequel n'existe plus au niveau de votre conscient. Ceci est un état conditionné qui succède à la démarche réalisée avec le nombre deux.

Quatre représente le fait de manifester ou d'objectiver ce que vous avez imprimé dans votre subconscient. Par ailleurs, quatre est le symbole du monde.

Cinq, somme de deux et trois, représente l'action de la sagesse et du discernement. "Sagesse" signifie que vous êtes conscient de la présence et de la force de Dieu en vous; le discernement est l'application de cette force divine qui vous habite dans votre vie quotidienne. Cinq est aussi le symbole de l'imagination, non pas l'imagination sauvage et excentrique, mais l'imagination contrôlée. Tout ce que vous imaginez et que vous sentez être vrai et authentique se réalisera.

Six, nombre fréquemment utilisé dans le I-Ching, est le symbole de l'étoile à six branches qui représente le rapport harmonieux entre votre conscient et votre subconscient. Si ceux-ci sont en accord total, votre prière sera toujours entendue. *Pendant six jours on fera l'ouvrage à faire, mais le septième sera jour de repos complet, consacré à Yahvé...* (Exode, 31: 15.) Psychologiquement parlant, six est synonyme de sexe. Sur les plans biblique et métaphysique, les six jours ne signifient pas les jours de la semaine mais le temps qu'il vous faut pour transmettre à votre subconscient une idée ou un désir et pour l'en imprégner. Lorsque vous êtes parvenu à vous convaincre que vous deviendrez ce que vous voulez être ou que vous posséderez ce que vous voulez posséder et que vous avez réussi à fixer cet état dans votre subconscient, alors vous avez atteint le sixième jour. Vous saurez reconnaître le sixième jour au fait qu'à ce stade vous ne désirez plus ce que spirituellement vous possédez déjà. Cela peut prendre une minute, une heure, une semaine ou un mois, selon votre évolution spirituelle et la nature de votre demande.

Sept est un nombre que l'on retrouve souvent dans la Bible. Je me bornerai à ne citer que quelques passages: *Dieu conclut au septième jour l'ouvrage qu'Il avait fait et, au septième jour, Il chôma, après tout l'ouvrage qu'Il avait fait.* (Genèse, 2: 2.) *Il attendit encore sept autres jours et lâcha la colombe, qui ne revint plus vers lui.* (Genèse, 8:12.) Le septième jour, la septième heure, les sept coupes d'or, les sept lampes, les sept sceaux, les sept anges — tout cela signifie la même chose.Sept indique le sentiment d'union avec Dieu. Ce nombre signifie l'imprégnation divine ou le laps de temps entre l'imprégnation de votre subconscient et la manifestation objective qui en est le résultat. Cela s'appelle également le sabbat ou le septième jour, mais n'a rien à voir avec les jours de la semaine. Regardez le chiffre sept. Ce sont deux fois *un* mis ensemble, ce qui symbolise votre conviction que le bien est en vous. Psychologiquement, le septième jour ou sabbat vient après les six jours de travail, ce qui veut dire tout simplement que l'acceptation subjective de votre désir est suivie d'un sentiment de repos. On pourrait faire le parallèle avec une femme enceinte: elle est prudente et circonspecte pendant qu'elle porte son enfant et, après le temps voulu, elle le met au monde. De même, vous savez que vous portez en vous un enfant — le désir imprimé à votre subconscient — et, après le temps nécessaire, vous le mettez au monde de la réalité. Sept signifie essentiellement la sagesse cachée, le repos, la quiétude, la tranquillité.

Huit ...*Il y aura donc huit cadres...* (Exode, 26: 25.) ...*et il régna huit ans à Jérusalem.* (Chroniques, II, 21: 5.) Le nombre huit revient fréquemment dans la Bible. Il est un symbole de l'infini qui n'a ni commencement ni fin. Huit est la valeur numérique du nom de Jéhovah (YHWH). La main qui trace le chiffre huit décrit un mouvement d'alternance rythmique qui suggère l'action et la réaction, l'involution et l'évolution. Huit signifie aussi splendeur, plénitude, grandeur, immensité, infinité. Psychologiquement, huit marque le moment où vous vous rendez compte que le "je suis" en vous est identique Dieu, c'est-à-dire l'Être pur, à la vie, à la conscience; lorsque vous vous mettrez au diapason de l'Infini, sachant que le principe de vie est Dieu, le Père de tout, et que tous les hommes sont vos frères, vous sentirez votre union avec tout ce qui vit et tous les hommes de la terre. Lorsque vous aurez compris que tout ce qui est vrai pour Dieu est vrai pour vous aussi, vous irez de gloire en gloire, d'octave en octave — symbole du nombre huit qui n'a ni commencement, ni fin. Huit signifie que vous êtes sur le chemin qui mène à Dieu. C'est un acte mental et spirituel. À partir du moment où vous reconnaissez que vous êtes le tabernacle du Dieu vivant et que vous vous dépouillez de votre nom, de votre nationalité, de votre statut social et de tous les aspects matériels de votre personnalité, vous découvrez la présence de Dieu, qui est le huitième jour, la huitième heure, le huitième fils, etc.

Neuf, dernier de la série des symboles numériques, signifie accomplissement, achèvement, réalisation, fin d'un cycle. Chaque fin est la semence d'un nouveau commencement. *...long de neuf coudées...* (Deutéronome, 3: 11.) *...l'obscurité se fit sur toute la terre, jusqu'à la neuvième heure.* (Matthieu, 27: 45.) *Et vers la neuvième heure Jésus clama en un grand cri...* (Matthieu, 27: 46.) *...j'étais en prière chez moi à la neuvième heure.* (Actes des Apôtres, 10: 13.) Neuf signifie une nouvelle naissance en Dieu: votre intellect est alors éclairé par Dieu. C'est au neuvième mois que la femme donne naissance à son enfant; de même, vous donnez naissance à la sagesse, à la vérité, à la beauté divine — ce qui souvent va de pair avec une illumination mystique. Neuf signifie aussi l'accomplissement d'un but précis dans votre vie, par exemple l'apogée de votre carrière professionnelle, que ce soit dans le domaine de la science, de l'art ou des affaires. Cependant, il n'y a pas de fin: quand vous aurez atteint ce que vous croyez être le dernier barreau de l'échelle, vous vous trouverez devant un nouveau commencement, car la gloire de l'homme est sans limites.

Dix est tout simplement Dieu magnifié par votre expérience. Des points de vue psychologique et sexuel, le chiffre dix est composé du chiffre un (homme, phallus et du zéro (femme, matrice), symbole de Dieu agissant. Le I-Ching nous enseigne que toute création dans l'univers est fondée sur l'interaction des principes de vie masculin et féminin.

Six, sept, huit et neuf dans les hexagrammes

Comme vous pourrez le constater, seuls ces quatre nombres apparaissent dans les hexagrammes. En effet, les mystiques chinois affirment que toutes les expériences de la vie humaine peuvent être exprimées par l'interaction de ces quatre chiffres dans les six traits de l'hexagramme.

Il existe soixante-quatre hexagrammes. Six plus quatre font dix (10) — l'interaction de votre conscient (1) et de votre subconscient (0). Tous les événements et toutes les expériences de votre vie peuvent être révélés par ces soixante-quatre hexagrammes. En utilisant un hexagramme, vous ne faites que puiser dans la sagesse de votre subconscient. C'est lui qui vous livrera la réponse.

Résumé

1. Les huit trigrammes représentent la famille composée du père, de la mère, de trois fils et de trois filles, ainsi que les relations des membres de la famille entre eux. Psychologiquement parlant, ces huit trigrammes représentent vos états d'âme et vos attitudes.

2. Les trigrammes lumineux et obscurs désignent les aspects masculin et féminin de votre esprit. Dans la terminologie chinoise, ceux-ci s'appellent le Yang (masculin) et le Yin (féminin).

3. Les six traits d'un hexagramme sont une représentation de vous-même: esprit, âme et corps.

4. Esprit et matière sont identiques. La matière est l'esprit rendu visible.

5. L'hexagramme est symbolisé aussi par la "trinité": lorsque votre conscient et votre subconscient sont en accord sur tout, cet accord harmonieux fait apparaître ce qui a été imprimé dans votre subconscient.

6. Les deux traits inférieurs de l'hexagramme représentent le corps, les deux traits du milieu l'âme, et les deux traits supérieurs, l'esprit.

7. le "créateur" et le "réceptif" incarnent le principe père-mère de la vie qui engendre toutes choses. Dieu — en chinois le Tao, l'origine ultime de l'être — se divise en deux en vue de la création.

8. L'homme a été créé selon le même principe que Dieu. Il a reçu l'esprit et l'âme, de l'Esprit et de l'âme de Dieu, et tout ce qu'il imagine être et dont il perçoit la réalité adviendra dans sa vie.

9. Le I-Ching enseigne: lorsqu'il existe entre votre subconscient et votre conscient une interaction harmonieuse

et sereine, le résultat en sera richesse, bonheur et épanouissement.

10. Les nombres représentent attributs, qualités et pouvoirs de Dieu. Ils symbolisent des états de conscience. Six signifie imprégnation de votre subconscient. Sept signifie calme, repos, conviction, période de gestation mentale. Huit signifie croissance sprituelle, conviction absolue que le "je suis" en vous est Dieu et union avec tous les hommes et avec toute vie. Neuf signifie fin d'un cycle, nouvelle naissance en Dieu à la suite d'une illumination intérieure. Ce sont ces quatre nombres qui sont utilisés dans le I-Ching.

11. Les chiffres six et quatre des soixante-quatre hexagrammes donnent le nombre dix (10) qui symbolise l'interaction du masculin (1) et du féminin (0). Tout ce qui existe sur terre provient de l'interaction de ces deux aspects de Dieu.

12. En multipliant les huit symboles de base par huit, les Chinois obtenaient un total de soixante-quatre hexagrammes. Ceux-ci révèlent tous les états psychologiques possibles et imaginables, et fournissent une réponse à plus de quatre mille questions.

Chapitre 3

Synchronicité: le vécu intérieur et l'expérience extérieure sont liés

Dans sa préface à l'édition anglaise du *Livre des Transformations*, Carl Gustav Jung définit la synchronicité comme une coïncidence d'événements dans le temps et dans l'espace. Elle n'est pas un simple hasard, mais une interdépendance significative d'événements (physiques) objectifs et concrets et d'expériences (psychiques) subjectives de l'observateur. Jung estime à juste titre que nous prenons trop de liberté avec la notion du hasard.

Tel l'intérieur, tel l'extérieur

Ce qui se passe dans votre univers objectif ou manifeste coïncide toujours avec ce que vous avez imprimé à votre subconscient. En d'autres termes: vos expériences objectives sont toujours un reflet fidèle de votre état de conscience. Par état de conscience, on entend tout ce que vous pensez, sentez, croyez et acceptez mentalement. C'est l'ensemble de vos impressions et de votre conditionnement conscients et subconscients.

La synchronicité dans le I-Ching implique que chaque hexagramme, que vous obtenez en réponse à une question, révèle votre état de conscience du moment et indique par un langage symbolique quelles seront les suites objectives que vous pouvez attendre du contenu de votre subconscient.

Un exemple de synchronicité

Pendant que j'écrivais ce chapitre, le sud de la Californie connaissait des pluies torrentielles inondant de vastes régions et provoquant des glissements de terrain qui emportèrent de nombreuses maisons. Un jeune homme me raconta qu'à ce moment-là il séjournait à New York, en voyage d'affaires et qu'il avait rêvé une nuit que sa maison s'effondrait et était emportée par les flots. Il avait vu sa femme et son fils sur le point de se noyer, appelant au secours. Brusquement il se réveilla et aussitôt il téléphona à sa femme. Il lui suggéra fortement de quitter immédiatement la maison, de prendre une chambre dans un hôtel à Los Angeles et de prévenir les autorités. Elle suivit son conseil, quitta la maison avec son fils en emportant ses bijoux et quelques effets. Deux heures après son départ, la maison s'effondra, exactement comme son mari l'avait vu dans son rêve.

Dans ce cas, l'événement objectif et concret (l'effondrement de la maison) coïncide avec le rêve, l'expérience subjective du mari. Dans le domaine de l'esprit, il n'y a ni temps, ni espace; et comme le mari était "subconsciemment" en relation avec sa femme, en priant comme toujours avant de s'endormir pour la protection de sa famille, son subconscient lui fit découvrir le danger imminent qui la menaçait. Après cette vision, il passa directement à l'action et put ainsi sauver sa femme et son fils. Ceci est un exemple de synchronicité: l'expérience subjective va de pair avec l'événement objectif.

Lorsque nous consultons le I-Ching, celui-ci nous révèle également les événements avant qu'ils ne se produisent effectivement. La sagesse du subconscient sait tout et voit tout. Quand nous lui faisons confiance, elle nous transmet des avertissements et des intuitions qui pourront nous être bénéfiques à maints égards.

Le I-Ching lui sauva la vie

Un de mes amis qui prenait plaisir à jouer de temps en temps à la roulette fut invité par des connaissances à les accompagner à Las Vegas dans un avion qu'ils avaient affrété. Il consulta le I-Ching et obtint l'hexagramme 54, "l'épousée", qu'il interpréta comme un signe de malheur. Il déclina l'invitation et les événements qui suivirent confirmèrent l'exactitude de la réponse du I-Ching

Sur le chemin du retour, quelque part dans les montagnes du Nevada, l'appareil disparut dans une tempête de neige sans laisser de traces. On ne l'a jamais retrouvé, bien que plus d'une trentaine d'avions se soient mis à sa recherche dans toute la région pendant des jours entiers. L'hexagramme avait prévenu mon ami dans un langage symbolique. Déjà marié, il avait vu dans cet hexagramme une signification néfaste et le fait d'accepter ce voyage à Las Vegas avec un groupe d'amis lui avait semblé figurer une sorte de "mariage spirituel". Il avait conclu du jugement de l'hexagramme 54 que l'expérience serait négative et avait agi en conséquence. Il est évident que son interprétation de l'hexagramme qui lui sauva la vie était un avertissement émis par son subconscient.

Comment développer votre intuition

Vous devez croire sincèrement — pas seulement faire semblant de croire — que la sagesse qui vous habite vous guide sur tous les chemins, dans toutes vos pensées, vos paroles et vos actes. Alors, la bonne voie vous sera indiquée. Artistes, poètes, écrivains, inventeurs et grands hommes d'État écoutent la voix de l'intuition. Celui qui étudie le I-Ching apprend à prêter l'oreille à cette faible voix intérieure. Le mot intuition signifie d'ailleurs "regarder attentivement". Nous pourrions dire aussi "écouter attentivement" la voix de l'intérieur.

La plus ancienne signification du mot révélation est synonyme de "ce qui est entendu". Cela veut dire que la suprême sagesse de votre intérieur vous transmet des intuitions et des avertissements sous la forme de sentiments vagues, de pressentiments irrésistibles ou de certitudes soudaines et inexplicables auxquels vous prêtez toute votre attention et auxquels vous obéissez. L'intuition se manifeste parfois sous la forme d'un jaillissement d'idées ou d'inspirations subites. Il arrive aussi que vous "entendez la voix", une voix intérieure dont vous percevez nettement le timbre, le volume et l'intonation comme celle provenant d'un poste de radio.

Il entendit le mystérieux nombre 44

Un jeune homme qui avait l'habitude de consulter le I-Ching me raconta à son retour d'un voyage en Europe qu'il s'était épris d'une jeune femme durant son séjour en France. Celle-ci, disait-il, était ravissante, charmante, séduisante; elle le fascinait par ses paroles, ses gestes, ses attitudes. "J'en étais follement amoureux et je me suis aussitôt fiancé." Elle le pressa de l'épouser tout de suite. Une nuit, dans son hôtel parisien, il vit dans son rêve un homme qui montrait le chiffre 44 dans le I-Ching, tandis qu'une voix lui disait: "Lis et prends garde." Il se réveilla et consulta le I-Ching qu'il emportait toujours avec lui. L'hexagramme le mettait en garde contre un projet de mariage.

Le jeune homme décida de prendre ses distances. Le lendemain la jeune femme était partie sans dire au revoir. Le même jour, deux agents de la police criminelle française l'approchèrent pour obtenir des renseignements sur l'endroit de séjour de son ex-fiancée. Ils lui apprirent que cette jeune femme était recherchée par la police de trois pays pour divers crimes. Elle avait déjà été mariée quatre fois dans des pays différents, sans divorce préalable.

Le subconscient du jeune homme, sachant que celui-ci allait y prêter attention, avait choisi la voie de l'hexagramme pour le prévenir du danger. Le rôle du subconscient est de protéger. Dans ce cas, le jeune homme avait perçu "subconsciemment" les véritables motifs de la femme.

Dans la Bible, l'action du subconscient est illustrée comme suit: *...Autant les cieux sont élevés au-dessus de la terre, autant sont élevées mes voies au-dessus de vos voies, et mes pensées au-dessus de vos pensées.* (Isaïe, 55: 9.) En effet, les voies par lesquelles votre subconscient résout vos problèmes sont insondables.

Pourquoi des prédictions se réalisent-elles?

C'est une question que l'on me pose souvent. J'y réponds à l'aide d'une exemple. Une femme me rapporta récemment qu'un kahouna — c'est un prêtre hawaïen — avait lu correctement ses pensées et lui avait prédit maintes choses. Elle ajouta: "Dès mon retour d'Hawaï, je suis allée voir une vieille cartomancienne irlandaise à Los Angeles qui me fit des prophéties quasi identiques. Tout s'est passé par après comme les deux médiums l'avaient prédit."

Vous constaterez que ce phénomène est facile à comprendre et qu'il n'est nullement mystérieux ou étrange. Une personne pouvue des dons de l'intuition — un médium — est capable dans un état d'esprit détendu et réceptif, dans une espèce de semi-transe où le conscient est quelque peu diminué, de percer le contenu de votre subconscient, de le faire remonter à la surface du conscient et de le communiquer. Elle peut capter vos appréhensions, vos impressions et vos désirs et, par conséquent, vous conseiller ou déconseiller des démarches que vous envisagez, telles qu'un mariage, un divorce, un voyage, une action en justice, etc. Un médium qui est capable de se mettre au diapason de vos pensées et de vos sentiments subjectifs peut traduire vos états d'âme et vos convictions dans votre propre langage et faire ainsi des prédictions qui peuvent vous surprendre tant que vous ne connaissez pas ces mécanismes. Mais en réalité, cela n'a rien de surprenant.

Votre subconscient est un réservoir de souvenirs, et de nombreuses suggestions et convictions — qui peuvent être mises à jour par des médiums — ont été acceptées par vous sans que votre conscient s'en soit rendu compte. Vos convictions, vos opinions seront tôt ou tard objectivées, réalisées dans votre monde. Un courant favorable ne peut naître que d'une pensée positive. La pensée positive par excellence, c'est la prière.

L'avenir est déjà inscrit dans votre esprit

Vous êtes ce que vous pensez tout au long de la journée. Votre pensée et sa manifestation ne font qu'un. Par exemple, si vous envisagez le divorce, celui-ci s'est déjà réalisé dans votre esprit et peut donc être perçu et interprété par un bon médium. Pareillement, un médium ou tout simplement une personne dotée d'intuition est en mesure de découvrir le contenu de votre subconscient, peut-être pas sans erreur, mais en tout cas avec exactitude dans les grandes lignes. Projets, décisions, voyages ou contrats existant déjà dans votre esprit ne sont pas encore passés au stade de la réalisation dans le monde tridimensionnel de votre réalité matérielle; cependant, toutes ces expériences anticipées sont déjà devenues réalité dans votre esprit qui transcende le temps et l'espace. Dans votre esprit, l'idée et sa réalisation ne font qu'un. Désirs, idées, pensées ont forme et substance dans une autre dimension spirituelle; ils sont aussi réels que, disons, votre main et peuvent être vus.

Le I-Ching et la prédiction

En utilisant le I-Ching, vous activez votre subconscient. Dans la mesure où vous êtes détendu, réceptif et sincère, vous recevrez une réponse du tréfonds de votre esprit. Le I-Ching est une sorte d'aide mécanique à la concentration en vue d'obtenir des réponses qui vous sont données en un langage imagé et symbolique — un langage pareil à celui de la Bible.

Le I-Ching vous livrera les réponses à vos questions, puisqu'il émane de l'esprit universel duquel proviennent toutes choses, qui connaît tout et qui pénètre l'espace tout entier. Votre subconscient est en union avec cet esprit universel et omniprésent. Par conséquent, il est possible de faire des prédictions pour une race, un peuple, un groupe, tout autant que pour un individu. Pourquoi? Parce que, dans l'ensemble, les gens changent très peu. De génération en génération, ils vivent selon les mêmes vieilles convictions, traditions et conceptions, avec les mêmes sentiments de haine, les mêmes préjugés et appréhensions. Ils suivent un schéma plus ou moins préétabli pouvant être aisément reconnu par quelqu'un psychiquement sensibilisé à l'inconscient collectif des masses. Très souvent, des prévisions de ce genre sont obtenues de manière intuitive.

Nostradamus, le "grand voyant" du XVIe siècle avait déjà percé en son temps l'inconscient collectif et fait des prophéties extrêmement étonnantes. Il les promulga sous la forme de ses célèbres quatrains. Beaucoup de ses prédictions se sont réalisées avec une exactitude déconcertante. Il avait anticipé des personnages historiques tels que Hitler, pour lequel il utilisa l'anagramme Hister, et avait fait — entre autres — une description fort pertinente de Mussolini. Il avait prédit le grand incendie de Londres tout comme le bombardement de cette ville pendant la Deuxième Guerre mondiale. Ce qui est remarquable, c'est que ses prophéties sont de plusieurs siècles antérieures à la survenance des événements.

En effet l'avenir, d'ores et déjà tracé dans notre esprit, peut être modifié. La fatalité n'existe pas. Rien n'est inéluctablement déterminé à l'avance, rien n'est prédestiné. Comme nous le montre le I-Ching, nous pouvons changer notre avenir en nous mettant en accord avec Dieu et avec les lois cosmiques. Si nous faisons cela, l'avenir nous réservera bonheur, santé, paix et plénitude.

Comment peut-on contrecarrer des prédictions négatives?

Lorsque vous faites appel au I-Ching pour obtenir des réponses concernant projets, choix et désirs actuels, celui-ci vous dévoilera l'état mental dans lequel vous vous trouvez en ce moment. Supposons un instant qu'un hexagramme vous prédise un malheur. Cela peut signifier que vos motivations sont fausses ou que vous êtes dominé par des sentiments néfastes ou des impulsions irrationnelles. Bien sûr, rien de bénéfique ne peut en résulter. Si vous imaginez le bien, le bien s'ensuivra; si vous imaginez le mal, le mal en sera la conséquence. Le I-Ching vous fait savoir quand vous vous êtes écarté des lois de l'harmonie et de la Règle d'or, qui est une loi universelle. Il vous invite à retourner dans le bon chemin, à vous pardonner d'avoir été en désaccord avec vous-même et à pardonner aux autres. Laissez-vous guider par l'immense sagesse qui vous habite et laissez-vous porter par le courant intarissable de la vie, de l'amour, de la vérité et de la beauté. Ainsi vous transformerez le malheur en bonheur. Le résultat sera harmonieux et vous serez à la hauteur de chaque situation. N'oubliez pas: votre moi supérieur, c'est le Tao, l'origine ultime de l'être, c'est Dieu qui cherche toujours à vous protéger.

Les prophéties de Nostradamus et celles qui sont faites de nos jours par les médiums, voyants, devins ou prophètes — peu importe comment on les appelle — seraient sans importance et superflues si les hommes savaient prier. Par une juste prière, les gens seraient capables de modifier leur subconscient et, par conséquent, leur destin. La prière efface la peur, le doute, la haine et les préjugés qui résident dans le subconscient de l'homme. C'est par la prière qu'il élimine les mauvaises herbes de son jardin pour que seuls les fruits et les fleurs subsistent. Si une personne ayant une orientation spirituelle apprend quelque chose qu'elle ne souhaite pas voir se réaliser, elle changera les données de départ et elle en changera aussi l'issue. Pour ce faire, elle utilise la loi de la substitution ou la prière.

Dans sa prière, au lieu de demander que tel ou tel événement soit écarté ou ne survienne pas, on prie pour ce que l'on souhaite voir arriver. De ce fait, on adopte une attitude créatrice. Prier, c'est être conscient des vérités et des principes de vie éternels. c'est comprendre que l'infinie sagesse en moi me guide, que mon âme est comblée de l'amour de Dieu, que mon corps et mon esprit sont gouvernés par l'harmonie divine, que la loi divine et l'ordre divin conditionnent ma vie, que l'amour de Dieu me précède et aplanit mon chemin.

Prier, c'est penser, parler, agir au regard d'une présence, d'une puissance universelle. Si vous prenez l'habitude de prier ainsi, avec conviction et sincérité, vous effacerez les éléments négatifs qui subsistent dans votre subconscient, et le chemin de votre vie sera un droit chemin qui mène à Dieu et à votre bonheur.

Comment elle renversa la prédiction

Une voyante avait prédit à une de mes connaissances que la "carte de la mort", l'as de pique, présageait la mort imminente de son enfant.

En effet, sa fille âgée de huit ans était gravement malade depuis quelque temps déjà, et tous les traitements médicaux avaient échoué. La mère retourna au chevet de sa fille qu'elle trouva endormie. Elle lui parla ainsi: "Tu es un enfant de Dieu. Dieu est vie et cette vie est maintenant tienne. Dieu vit, agit et existe en toi. Le courant de sa force guérissante passe en toi, à présent. Je remercie Dieu pour la guérison miraculeuse qui, je le sens et je le crois, est en train de se produire en ce moment."

Dans cette exaltation induite par la prière, elle voyait son enfant jouer et courir, heureuse, rayonnante de joie et de santé. Elle évoquait cette vision plusieurs fois par jour, pendant cinq à dix minutes. Après avoir prié ainsi pendant deux jours, elle put constater une amélioration sensible de l'état de santé de son enfant. Elle connut cette joie suprême de voir sa prière exaucée.

Voir les choses en face

Le I-Ching ne fait que vous démontrer à sa manière particulière que chaque condition, chaque circonstance, chaque expérience qui influencent votre vie ne sont pas autre chose que l'objectivation, l'expression d'impulsions, d'opinions et de convictions de votre subconscient. Il faut comprendre que désordres, maladies, échecs, accidents et infortunes ne sont que les manifestations des idées négatives ou des peurs que vous avez emmagasinées dans votre subconscient.

N'oubliez jamais que la pensée positive, la prière authentique sont capables de changer tous les schémas négatifs de votre subconscient. *Quand vos péchés seraient comme l'écarlate, comme neige ils blanchiront; quand ils seraient rouges comme la pourpre, comme laine ils deviendront.* (Isaïe, 1: 18.)

Résumé

1. "Synchronicité" signifie qu'il y a interaction et inter-dépendance entre les expériences subjectives et les événements objectifs et concrets.

2. Ce qui se passe dans votre vie extérieure a toujours sa contrepartie dans votre subconscient.

3. L'hexagramme que vous obtenez en posant une question au I-Ching vous révèle votre état d'esprit actuel ainsi que les conséquences qui résulteront immanquablement des contenus de votre subconscient.

4. Il arrive que votre subconscient révèle les événements à venir dans un rêve précognitif, vous transmettant ainsi des intuitions ou avertissements extrêmement précieux. Votre subconscient sait les choses longtemps avant qu'elles ne se concrétisent.

5. Les personnes qui se sont familiarisées avec le I-Ching et qui s'intéressent à ses messages mystiques peuvent occa-sionnellement recevoir dans leurs rêves le numéro d'un hexagramme. En consultant le texte correspondant, ils peuvent obtenir la réponse à une question qui les préoc-cupe. C'est une émanation de leur subconscient qui sait que le message sera écouté. Beaucoup de malheurs ont pu être évités grâce à des hexagrammes révélés soit dans un rêve, soit dans un état d'éveil.

6. L'intuition, c'est la sagesse de votre subconscient qui vous parle. Il nous arrive parfois de sentir une impulsion urgente qui appelle tel ou tel acte ou d'avoir une inspi-ration subite. L'intuition est un message qui vous vient de l'intérieur.

7. Il se peut aussi que vous entendiez votre voix intérieure, comme c'était le cas de ce jeune homme qui parvint à

éviter une situation aux suites vraisemblablement catastrophiques, grâce au message de l'hexagramme 44. Les voies du subconscient sont insondables. L'homme en question tenait en estime la sagesse du I-Ching; son subconscient savait que c'était la bonne voie pour lui révéler la vérité.

8. L'avenir est d'ores et déjà inscrit dans votre esprit et peut être perçu par des médiums de toutes sortes. Dans un état de détente, ils sont capables de percer votre subconscient de vous prédire l'avenir.

9. Souvenez-vous que toutes vos pensées, vos idées, vos projets, vos décisions et vos objectifs ont forme et substance, qu'ils sont aussi réels que votre main ou votre montre. C'est pourquoi ils peuvent être détectés par un voyant, un médium car, dans votre esprit, le commencement et la fin ne font qu'un.

10. Lorsque vous consultez le I-Ching, vous activez en fait la sagesse de votre subconscient, qui est toujours soucieux de résoudre vos problèmes.

11. Le I-Ching vous avertit quand vous vous êtes écarté de la loi de l'harmonie et de l'amour. Vous retrouverez la bonne voie en vous orientant vers le Tao, l'origine ultime de l'être, qui n'est autre chose que Dieu. Ainsi, votre vie sera animée par l'amour, la vérité et l'harmonie divine, et vous connaîtrez le bonheur.

12. Vous pouvez contrecarrer des prédictions négatives en vous accordant à l'Infini et en situant vos pensées dans la perspective des vérités éternelles et des principes de vie. C'est ainsi que vous éliminerez tous les éléments négatifs de votre subconscient.

13. Il n'y a pas de fatalité inéluctable, rien n'est prédéterminé ni prédestiné ni sans recours. C'est votre pensée et vos

sentiments qui décident de votre destin. Une femme avait été informée par une cartomancienne que son enfant allait mourir; elle renversa la prédiction en se persuadant que la vie de son enfant était la vie de Dieu et que Dieu allait le guérir.

14. Chaque situation, chaque expérience et chaque événement dans votre vie ne sont que l'expression des structures de pensées et des convictions imprimées dans votre subconscient.

15. Il importe peu que vous ayez péché. Dès le moment où vous changerez les schémas de votre pensée pour les rendre conformes à tout ce qui est vrai, beau, noble et ressemblant à Dieu, votre subconscient réagira en conséquence: le passé sera oublié et ne vous troublera plus jamais.

Chapitre 4

La sagesse intemporelle du I-Ching

D'après les enseignements de cette sagesse millénaire de la Chine, l'Esprit vivant — Dieu ou Tao — que les sages chinois imaginent sans formes et sans visage s'est vêtu de matière et est descendu dans la matérialité. Autrement dit: Dieu s'imaginait être homme et toutes les choses de l'univers et il devint ce qu'il s'imaginait être. Mais l'homme sur terre oublia son origine et son essence divines.

Le I-Ching nous démontre sans cesse qu'il y a en chacun de nous quelque chose de caché, d'inarticulé, qui nous rappelle néanmoins notre origine divine et nous pousse à la retrouver. Le sens de votre vie est d'éveiller, de nourrir et d'approfondir ce souvenir pour que votre prise de conscience croissante de la présence de Dieu en vous devienne une lumière rayonnante qui vous comble et vous guide dans votre vie.

Les contraires dans la vie

Depuis longtemps déjà les hommes de science les plus renommés affirment que la matière et l'énergie ne font qu'un. Nous savons aujourd'hui que la matière est transformable. Le tangible se transforme constamment en intangible. Notre univers n'est fait que d'ondes, de densités, de fréquences et d'intensités très variées. Il y a quelque temps je suis tombé sur un article de journal où le mathématicien et astronome anglais Sir James Jeans expliquait que tout l'univers se composait d'ondes, soit d'ondes enfermées que nous appelons matière, soit d'ondes en liberté que nous appelons radiation ou lumière. Cette illustration de la science moderne ne fait-elle pas penser à la Genèse où Dieu dit: *Que la lumière soit!?*

C'est quand l'absolu se relativise que les oppositions se manifestent. Dans l'absolu il n'y a pas de différenciation. L'absolu est un état d'unité, d'entièreté, d'accomplissement et de perfection.

Lorsqu'il se divise en deux dans le but de la création, nous distinguons l'esprit et la matière, le grand et le petit, la nuit et le jour, l'intérieur et l'extérieur, le masculin et le féminin, l'aigre et le doux. En d'autres termes: nous avons conscience que nous vivons; nous percevons une multitude de différences, de contrastes, de sensations. Le philosophe et le poète américain Ralph Waldo Emerson exprimait ainsi la même idée: "Chaque esprit se construit sa maison." Vous avez un corps, cinq sens (ou même plus) et surtout la merveilleuse faculté d'exprimer vos talents, votre amour, votre joie, votre appréciation de toutes les choses divines. Dans son essai *Compensation*, Emerson explique les contraires de manière fort belle: "Nous rencontrons la polarité ou l'action et la réaction dans chaque partie de la nature, dans l'obscurité et la lumière, dans le chaud et le froid, dans le flux et le reflux des eaux, dans le masculin et le féminin, dans l'inspiration et l'expiration des plantes et des animaux,... dans la force centrifuge et la force centripète... Un dualisme inéluctable divise la nature, de sorte que chaque chose est une moitié et suggère l'autre moitié pour la compléter: l'esprit, la matière; l'homme, la femme; l'impair, le pair; le subjectif, l'objectif; le dedans, le dehors; le supérieur, l'inférieur; le mouvement, le repos; le oui, le non (...) tout ce qui est doux a comme pendant l'aigre; tout mal, le bien."

Le I-Ching met en évidence des contraires tels que la fortune et l'infortune, le succès et l'échec, etc. Puis, il vous apprend à les concilier.

La conciliation des contraires

Si, par exemple, un hexagramme vous fait savoir que vous entretenez dans votre subconscient une structure d'échec, regardez en vous et mettez-vous en harmonie avec le principe de vie infini en vous, sachant que celui-ci ne peut échouer, ne peut faillir, car il est tout-puissant. Prenez conscience que vous êtes né pour être heureux, pour gagner, pour réussir. Lorsque vous vous dites: "Le succès me sera accordé grâce à la force immense du Tout-Puissant", vous devenez capable de surmonter tous les obstacles à condition de persévérer à faire de cette idée conductrice une conviction profonde.

Ainsi vous conciliez les contraires qui luttent dans votre esprit en opposant sciemment l'idée du succès à l'idée de l'échec, celle-ci provenant de vos peurs subconscientes. D'ailleurs, vos idées, vos pensées vous viennent généralement par paires. Si vous détournez délibérément votre attention de l'idée de l'échec et que vous vous concentrez totalement sur la réussite de toutes vos entreprises, vous conditionnerez votre subconscient à la réussite, de sorte que la puissance divine à laquelle vous participez converge vers ce foyer de l'attention; le succès vous sera alors assuré. En fait, vous serez contraint au succès, car la puissance de votre subconscient est contraignante.

Reconnaissez-vous la valeur de l'opposition? Si vous n'étiez pas mis au défi, si vous ne connaissiez ni difficultés, ni problèmes, vous n'auriez jamais l'occasion de découvrir la force divine en vous. Les oppositions que vous rencontrez dans la vie vous permettent d'aiguiser vos outils mentaux et spirituels qui vous aident à franchir les obstacles, à concilier les contraires. Grâce à eux, vous connaîtrez la joie de savoir dominer vos problèmes et de vous sentir libéré de la peur et des soucis.

Emerson disait: "Chaque oui a son non." Et dans la Bible il est dit: *Que votre langage soit: "Oui? Oui", "Non? Non". Ce qu'on dit de plus vient du Mauvais.* (Matthieu, 5: 37.) Le I-Ching vous invite à dire "oui" à toutes les idées qui fortifient, guérissent, bénissent, inspirent, élèvent et réjouissent votre vie. Dites un "non" courageux et décidé à tous les enseignements, idées, convictions, dogmes ou contraintes qui inhibent et bloquent votre esprit et lui instillent la peur. En d'autres termes: n'admettez rien dans votre esprit qui ne soit joie pour votre âme.

Le changement et sa signification

Une très ancienne méditation hébraïque nous dit ceci: "Le changement perpétuel est la racine de toutes choses, et le changement a deux faces, celle de la vie et celle de la mort." Il faut nous rendre à l'évidence: tout est en mutation perpétuelle. Ce qui est sans forme prend forme et ce qui est formé retourne à l'état sans forme. Lorsqu'il fait très chaud dans une certaine région, on peut être assuré que cette chaleur sera suivie d'une période de fraîcheur. Lorsqu'une région est dévastée par des inondations, nous avons la certitude que les eaux finiront par se retirer et que le soleil reviendra. Tout change, tout passe. De même, on ne peut pas toujours rester malade. La maladie passe, elle aussi. Sainte Thérèse disait: "Ne vous laissez troubler, ni effrayer, ni déranger par rien au monde. Tout passe, hormis Dieu."

Le I-Ching nous enseigne cette même sagesse. Après tout, ce n'est pas par hasard que le livre du I-Ching s'appelle le *Livre des Transformations.*

Le I-Ching comparé aux cartes de tarot

Je me suis entretenu récemment avec une femme qui m'a raconté qu'elle s'était trouvée devant une décision difficile, une des plus importantes de sa vie. Elle avait d'abord consulté les cartes de tarot, ensuite le I-Ching, et obtenu des réponses identiques: aller de l'avant, et le bonheur suivrait. Elle me demanda comment cela pouvait s'expliquer.

La réponse est simple. Les cartes de tarot sont des cartes à images, qui sont d'ailleurs à l'origine de nos cartes de jeu actuelles. Chacune de ces cartes illustre un objectif, un but ou un état d'esprit. Chaque symbole sur les cartes représente certaines perceptions, facultés, fonctions — en d'autres termes: des états d'esprit. On ne connaît plus aujourd'hui l'origine exacte de ces cartes, mais la tradition a donné une signification spécifique aux différentes cartes, telle qu'amour, mariage, divorce, mort, voyage, contrat, loi, religion, fortune, infortune, etc. Lorsque vous mélangez les cartes en vous concentrant sur votre question, votre subconscient choisira tout naturellement les cartes qui correspondent à votre état d'esprit du moment. Pour une personne intuitive et qui fait appel aux cartes de tarot, ces cartes représentent une sorte d'alphabet du subconscient qu'elle peut déchiffrer et interpréter. Les cartes de tarot ne sont qu'un expédient pour activer les facultés de perception intérieure qui sont latentes dans tout être humain.

La comparaison qui suit vous aidera à comprendre. Supposons que vous ayez reçu une lettre en chinois et que vous ne connaissiez pas cette langue. Sans aucun doute, vous iriez trouver un sinologue pour lui en demander la traduction. Dans le cas des cartes de tarot, cette fonction de traduction, ou plutôt d'interprétation, est assumée par votre subconscient. Les cartes en elles-mêmes n'ont pas de pouvoir; elles ne sont que du papier. Cependant, depuis les temps les plus reculés, on a accordé aux cartes un certain sens, une certaine signification. Un bon médium est capable de percer votre subconscient et d'interpréter pour vous le sens des cartes. Ceci est d'autant plus plausible que les vieux symboles qui illustrent les cartes de tarot représentent — tout comme les significations des hexagrammes I-Ching — des émanations du subconscient des anciens mystiques et ont, de ce fait, une signification universelle.

J'expliquai à cette femme que les mystiques chinois procédaient de la même façon pour le I-Ching. Ils donnaient aux hexagrammes, aux symboles, aux traits et aux nombres des significations bien précises. Que vous utilisiez, pour interroger le I-Ching, des pièces de monnaie ou des tiges d'achillée, vous ne faites qu'activer la sagesse intemporelle du subconscient collectif et universel qui est en chacun de nous.

Une prémonition qui sauva une vie

J'avais conseillé à un homme qui se plaignait fréquemment de douleurs vagues à l'abdomen de se faire examiner par un médecin. Sa femme aussi insistait, mais en vain. Pour calmer la douleur, il continua à prendre de la codéine (un dérivé de l'opium). Cela permettait d'atténuer les symptômes, mais ne guérissait pas le mal. Une nuit, sa femme eut un rêve très explicite. Elle voyait son mari transporté à l'hôpital et opéré d'une appendicite avec perforation. Elle entendit le médecin dire à son mari: "C'est une péritonite. Votre état est grave."

L'épouse consulta le I-Ching en posant cette question "Mon mari doit-il aller voir un médecin d'urgence?" Elle reçut l'hexagramme 46 (pas de traits "muables") qui dit: "Il faut voir le grand homme." Elle comprit que, dans son cas, "le grand homme" était le médecin. Son mari, à qui elle fit part de son rêve et de la réponse du I-Ching, fut impressionné par ce double avertissement et consentit à voir un médecin. Aussitôt l'examen terminé, le médecin le fit hospitaliser. Il était venu juste à temps, lui dit-on, car l'appendice était sur le point d'être perforé, ce qui aurait mis sa vie en danger.

Ici, la femme avait demandé conseil pour son mari, et son subconscient lui avait dévoilé l'état de santé précaire dans lequel il se trouvait. Le I-Ching lui avait indiqué le chemin à suivre en lui conseillant de voir "le grand homme". (Bien sûr, il n'est pas dit expressément s'il s'agit d'un conseiller spirituel érudit, d'un psychologue, avocat, médecin ou prêtre: cela dépend de la question que l'on pose.) Sans aucun doute, la femme a sauvé la vie de son mari grâce à son action rapide et à la consultation du I-Ching.

La parapsychologie moderne et le I-Ching

Le professeur Joseph Banks Rhine, un des doyens de la parapsychologie moderne, attaché à Duke University, à Durham, U.S.A., a rassemblé une quantité impressionnante de matériel éprouvé et largement documenté sur les pouvoirs psychiques extraordinaires du subconscient de l'homme. Des générations entières de chercheurs — parmi eux de nombreux parapsychologues formés aux sciences naturelles — ont poursuivi son oeuvre et ainsi contribué à élever la parapsychologie au rang d'une science à part entière. Un des chercheurs les plus renommés, connu par ses publications aux U.S.A. aussi bien qu'en Europe, est le Dr Milan Rysl, dont je ne peux que recommander l'ouvrage principal, *Parapsychologie*, à quiconque s'intéresse à cette science. Dans son livre consacré à la perception extra-sensorielle, il écrit: "la parapsychologie est une science qui traite des facultés et des forces immenses de la psyché, qui ne peuvent être expliquées par les lois *actuellement connues* de la physique. Elle a pour objet la perception extra-sensorielle c'est-à-dire l'acquisition d'informations sans le concours des cinq sens, au-delà des barrières de l'espace et du temps (télépathie et clairvoyance), y compris la précognition (perception extra-sensorielle de l'avenir) et la rétrocognition (perception extra-sensorielle du passé), ainsi que la psychokinésie, c'est-à-dire l'influence purement psychique sur des processus matériels et aussi biologiques. Actuellement, ce sont précisément les scientifiques et plus particulièrement les physiciens qui donnent un grand essor à la parapsychologie. Leurs recherches ont abouti au postulat qu'il existe un monde supérieur multidimensionnel avec ses lois propres."

Les sages chinois qui ont conçu le I-Ching avec ses 64 hexagrammes possédaient ce que la science actuelle appelle "les forces immenses de la psyché". En puisant dans le subconscient, ils en exploitaient la sagesse et pouvaient ainsi comprendre les lois cosmiques tout comme les lois qui sont inscrites dans le coeur des hommes. Avec le langage symbolique du I-Ching, ils mirent au point un procédé praticable pour l'activation de notre subconscient, qui anticipait déjà les connaissances les plus récentes. Le subconscient, interrogé selon la méthode du I-Ching, nous révèle, par le truchement d'un langage symbolique, notre état d'esprit actuel et nous indique les démarches à entreprendre.

Chaque fois que j'ouvre le *Livre des Transformations*, je suis saisi d'un sentiment de respect profond, de vénération mystérieuse. J'ai l'impression qu'un être humain me parle. En effet, c'est la sagesse de plus de cinq mille ans qui nous parle, à nous tous.

Résumé

1. La sagesse intemporelle du I-Ching nous enseigne que Dieu, le principe de vie, qui n'avait ni forme, ni visage, s'est vêtu de matière et a pris corps dans les hommes et dans toutes les choses de l'univers. Autrement dit: Dieu s'imaginait être homme et le devint. Cela veut dire que l'esprit qui est sans forme a pris forme.

2. Vous êtes conscient des contraires dans la vie; c'est pourquoi vous vous sentez vivre. Vous êtes conscient de la nuit et du jour, du flux et du reflux, de la chaleur et du froid, du grand et du petit, etc. Vous sentez les contrastes, les différences et, par conséquent, la vie. Pour se manifester, l'esprit doit avoir un corps. Les contraires dans le monde sont des moitiés d'un ensemble. L'état absolu est un état d'unité, de pure harmonie et de perfection.

3. Vos pensées viennent généralement par paires. Quand vous pensez à la richesse, c'est aussi son contraire, la pauvreté, qui vous vient à l'esprit. Conciliez les contraires en détournant votre attention de l'idée de la pauvreté et en la tournant vers l'abondance de Dieu. En nourrissant en vous l'idée de la richesse, la pénurie et le manque disparaîtront et vous commencerez à exprimer les richesses de Dieu sur tous les plans.

4. Dites "oui" à toutes les bonnes choses de la vie, et "non" à tout ce qui est négatif. Ce que vous refusez dans votre vie ne peut pas entrer dans votre expérience. "Chantez la beauté du bien et cessez d'aboyer contre le mal". (Emerson.)

5. Tout est en changement perpétuel. Vous aussi, vous changez sans cesse: vous n'êtes plus aujourd'hui la même personne qu'un an plus tôt. Vous chérissez de nouvelles

idées, vous voyez les choses autrement, à la lumière de nouvelles expériences. Vous pensez, parlez et agissez autrement qu'il y a un an. Un vieux chant religieux anglais dit ceci: "Changement et décadence autour de moi je vois. Ô Toi qui ne changes pas, reste avec moi." Le tangible se transforme en intangible, l'intangible devient tangible.

6. Entre le I-Ching et les anciens symboles du tarot, il existe une relation subliminale. Un bon nombre des figures sur les cartes de tarot correspondent à la signification de certains hexagrammes. Tous deux sont des émanations du subconscient d'anciens mystiques qui ont exprimé les vérités éternelles de Dieu et du cosmos, sous forme d'images et de symboles numériques.

7. Une femme qui avait interrogé le I-Ching pour son mari conclut qu'il était urgent de voir "le grand homme" — son médecin. Le mari suivit le conseil, ce qui lui sauva la vie.

8. La parapsychologie moderne a confirmé les pouvoirs de la télépathie, de la clairvoyance, de la précognition, de la rétrocognition ainsi que de la psychokinésie. Ces dons sont inhérents à votre subconscient. Les sages qui ont créé le I-Ching connaissaient ces forces et ces pouvoirs intérieurs qu'ils exploitaient en mettant au point un système de 64 hexagrammes. Ceux-ci répondent à toute question par un langage idiomatique, figuré et allégorique.

9. Dans le présent livre, l'ancienne sagesse a été simplifiée et transposée en un langage actuel pour vous faciliter la compréhension et l'interprétation des hexagrammes du I-Ching.

Chapitre 5

Comment consulter
le I-Ching

Pour compléter les explications données dans les chapitres précédents, il me semble utile d'ajouter quelques précisions sur la terminologie utilisée dans le I-Ching.

La signification des expressions
utilisées fréquemment dans le I-Ching

Le mot **jugement** signifie le verdict de votre subconscient révélé par votre état d'esprit actuel; il vous indique aussi à quelles suites vous pouvez vous attendre. En fait, c'est la conclusion ou la décision obtenue à l'aide de l'hexagramme.

L'**image** signifie le sens intérieur ou ésotérique des traits; ce mot explique comment il faut utiliser les informations reçues dans votre vie privée, mondaine ou professionnelle.

Les expressions **fortune** et **infortune** indiquent respectivement les résultats que vous obtenez par une bonne exploitation de vos forces subconscientes et les effets néfastes qui résulteront d'une exploitation négative. Si vous imaginez le bien, le bien s'ensuivra; si vous avez des pensées négatives, vous devez vous attendre à des expériences négatives.

Pas de blâme signifie que vous n'êtes pas à blâmer lorsque vous n'êtes pas responsable d'une situation donnée. Par exemple, on ne peut pas vous reprocher le retard d'un avion dû au brouillard ou à l'orage.

L'humiliation veut dire ceci: si vous n'êtes pas disposé à bien penser et à bien agir, c'est-à-dire en accord avec les principes universels de l'harmonie et de l'amour, vous éprouverez un sentiment d'humiliation, parce que vous contrariez les lois de la vie.

L'erreur, dans le I-Ching, doit être comprise ainsi: si vous corrigez une erreur que vous avez commise, vous ne subirez aucun blâme. Par exemple, une faute d'addition. En la corrigeant, vous ne serez pas critiqué. On corrige des fautes dans son attitude mentale en se tournant de nouveau vers Dieu et en pensant conformément à la loi divine. Retournez sur la bonne voie, et votre erreur sera corrigée. Il ne subsistera aucun blâme.

Le remords: vous pouvez surmonter tout sentiment de remords ou de regret lorsque vous comprenez que vous pouvez toujours recommencer à appliquer correctement les lois universelles de l'esprit à quelque point où vous avez péché. Vous agirez ainsi en pensant à des choses pures, belles, nobles et agréables à Dieu. Alors votre subconscient mettra tout en oeuvre pour concrétiser ces schémas de pensée positifs. C'est pourquoi il est dit dans la Bible: *...éternel est son amour, et d'âge en âge, sa vérité.* (Psaume, 100: 5.) Les lois de l'esprit universel excluent la haine, la menace et la punition. Vous n'avez rien à craindre à cet égard, tout comme vous n'avez rien à craindre des lois et principes de la mathématique ou de la chimie. Dès que vous commencez à penser, à sentir et à agir dans le bon sens, le passé sera effacé une fois pour toutes. Plus rien ne vous opprimera. Quelle joie d'avoir cette certitude et d'en faire l'expérience dans sa vie!

Voir le grand homme: pour déterminer qui est le grand homme ou l'homme supérieur, il vous faudra employer votre propre jugement. Si vous avez besoin d'un conseil spirituel, il convient de consulter une personne de confiance, une personne que vous respectez. Il se peut aussi que vous ayez besoin d'un conseil dans le domaine du droit ou des affaires, ou peut-être d'un conseil médical. Quoi qu'il en soit, c'est à vous de juger de quel type de conseil vous avez besoin. En dernier recours, c'est évidemment Dieu qui est votre meilleur conseiller et guide. Demandez à la sagesse divine qu'elle vous conduise, et votre prière sera exaucée. Et quel que soit le conseil temporel dont vous avez besoin, il vous sera donné soit sous forme d'inspiration, soit par la rencontre de la personne qui convient pour vous apporter aide et conseil.

Traverser les grandes eaux: l'eau est également un symbole de votre esprit; comme l'eau, celui-ci prend la forme du réceptacle dans lequel il est versé. Traverser les grandes eaux veut dire que vous devez arriver à une décision claire au sujet de tel souhait ou tel projet. Vous désirez le bien. Vous traversez les eaux — les parties inarticulées et indéfinies — de votre esprit. D'abord, vous vous faites une idée précise de votre désir ou projet. Ensuite, vous l'intériorisez en y pensant très intensément. Enfin, vous arriverez à des conclusions qui mèneront au bien.

Le hasard: dans le dictionnaire, le hasard est défini comme un "événement imprévu et fortuit occasionné par un ensemble de causes qui semblent être sans relation entre elles". Celui qui croit au hasard et qui voit partout des événements fortuits est mal informé; il a tort. En effet, bon nombre d'hommes de science renommés affirment que nous nous trouvons dans un univers ordonné, qui est régi et dirigé par une Intelligence suprême avec des lois immuables. Selon eux, il est mathématiquement impossible que tous les facteurs essentiels de vie sur notre planète soient dus au hasard ou à une convergence fortuite de forces, énergies ou atomes.

Quand on dit que quelque chose est arrivé par hasard, on veut exprimer que l'on ignore ou que l'on ne perçoit pas la loi ou le principe qui agit derrière l'événement. Supposons un instant que ce ne soit pas vous qui choisissiez vos pensées, vos idées, vos sentiments, mais que vous permettiez à l'esprit anonyme de la masse, avec sa propagande négative de la peur, des accidents, de la maladie et du malheur, de penser à votre place. Vous seriez alors manipulé par l'esprit anonyme de cette masse et vous ne sauriez même pas par quelles peurs et contraintes vous êtes animé et conditionné. Toutes les peurs se déposent au fond de la conscience collective de la masse ou de la race et elles agissent en nous. Si vous renoncez à penser par vous-même dans la perspective des vérités éternelles, vous deviendrez la proie, la victime des impulsions négatives qui se manifesteront dans votre vie sous forme d'impuissance, d'échecs, d'accidents, de maladies et de manques de toutes sortes. Ce n'est certes pas cela que vous choisirez ...*Choisissez aujourd'hui qui vous voulez servir.* (Josué, 24: 15.)

L'homme parle de hasard parce qu'il ignore la cause qui est en fait sa propre attitude mentale, caractérisée par la négation des autres et son refus de penser par lui-même. Emerson disait: "Rien n'arrive par hasard; tout est poussé par derrière." Derrière chaque événement il y a une cause, même si nous ne la voyons ou ne la comprenons pas.

Choisissez donc vos pensées. Optez pour une action juste, pour la loi et l'ordre divins, pour la paix et l'amour divins. Affirmez ces vérités de la vie, vivez avec elles et vous découvrirez que "l'ordre du ciel est la première loi". Entretenez en vous ce qu'il y a de plus noble, de meilleur, de plus élevé, et la sagesse de Dieu vous conduira sur les chemins du bonheur et de la paix. La plupart des gens aimeraient mesurer les forces agissantes de la vie mais n'y parviennent pas; c'est pourquoi ils emploient des mots comme destin, chance, malchance, hasard. Cependant, Emerson avait vu juste: "Le destin n'est que l'actualisation de la pensée de l'homme, et il lui va comme sa peau."

La coïncidence: beaucoup de gens parlent de coïncidence sans pour autant saisir toutes les implications psychologiques de ce mot. "Coïncidence" signifie une concordance dans le temps ou dans l'espace, une occurrence frappante de deux ou plusieurs événements en même temps, et apparemment fortuite. Il arrive aussi que deux choses semblables se passent en même temps et à des endroits différents. Nous en avons déjà parlé au chapitre 3 dans le contexte du phénomène de la synchronicité. Votre pensée déclenche la réaction de votre subconscient et celui-ci, la réalisation. L'événement extérieur concorde toujours avec l'expérience intérieure, c'est-à-dire avec votre attitude mentale.

Voici un exemple. Il y a quelque temps, je marchais le long de Beverly Drive, à Los Angeles, lorsque je rencontrai une actrice française dont j'avais fait la connaissance à Paris, il y a des années. Elle était arrivée aux États-Unis depuis peu et elle avait lu la traduction française de mon livre *La Puissance de votre subconscient**. Elle me dit: "Je vous ai cherché; j'ai consulté l'annuaire du téléphone, mais il existe tant de Joseph Murphy. Ne connaissant pas votre adresse, je ne savais

---

* L'édition française a paru chez Le Jour, Éditeur, 1983.

lequel appeler. Je désirais très vivement vous rencontrer pour vous parler d'un problème..." Elle qualifia notre rencontre de coïncidence heureuse, mais, en réalité, celle-ci n'était nullement fortuite. L'intensité de son désir avait activé la puissance de son subconscient qui avait en quelque sorte "arrangé" notre rencontre. C'était aussi simple que cela.

Comment faut-il procéder concrètement pour interrrroger le I-Ching?

Pour qu'une interrogation soit réussie, il faut d'abord vous calmer, vous détendre, vous laisser aller. Pensez à l'immense sagesse qui est en vous et concentrez-vous sur l'idée qu'il est dans la nature de votre subconscient de réagir aux questions. Il faut vous libérer de toute autre motivation et faire preuve d'un grand respect pour le divin auquel vous participez mentalement. Votre attitude doit être détendue mais réceptive, et sachez que c'est la sagesse de votre subconscient qui vous parle à travers le I-Ching.

Votre question doit être claire et bien définie; elle ne doit rien contenir qui soit imprécis ou vague. Évitez le "ou bien" quand vous formulez une question et ne proposez pas d'alternative. Voici quelques questions que j'ai souvent entendu poser:

— Dois-je épouser cet homme?

— Est-il avantageux pour moi d'accepter la situation qui m'est offerte?

— Est-ce dans mon intérêt d'acheter ce terrain?

— Est-ce que je ferais bien d'acheter de l'or maintenant?

— Quel est le problème latent dans le subconscient de (disons) Jacques Dupont?

— Ai-je de l'avenir dans cette société?

— Mon manuscrit sera-t-il accepté par l'éditeur?

— Qu'est-ce qui m'empêche d'accéder à la prospérité?

— Qu'est-ce qui empêche ma guérison?

— Mon invention sera-t-elle acceptée par l'industrie?

Ce ne sont que quelques exemples, bien sûr. Vous pouvez poser n'importe quelle question qui vous tient à coeur.

Dans l'édition du *Livre des Transformations* de R. Wilhelm, traduit par E. Perrot*, les réponses sont fournies et commentées dans le langage symbolique et figuré de l'original chinois. Dans le présent livre par contre, je me suis efforcé de simplifier le plus possible et de formuler les interprétations dans un langage que tout le monde peut comprendre aisément. Rappelez-vous cependant que *c'est intuitivement que vous percevrez la réponse du I-Ching à votre question.*

Il reçut la réponse à deux questions

Pendant que je travaillais à ce livre, un vieil ami me téléphona de San Francisco. Il me demanda: "Comment dois-je interroger le I-Ching pour savoir si je fais mieux d'envoyer ma fille à l'université de Berkeley en Californie ou à l'université Brigham Young de l'Utah?" Je lui conseillai de formuler la question comme suit: "J'aimerais savoir s'il est souhaitable que j'envoie ma fille à l'université de Berkeley" et d'examiner la réponse. Je lui recommandai de poser ensuite une seconde question au sujet de l'autre université: "J'aimerais savoir s'il est souhaitable que j'envoie ma fille à l'université Brigham Young." Dès qu'il serait en possession des deux réponses, il pourrait les comparer et se décider pour la meilleure solution.

À sa première question, mon ami reçut l'hexagramme 6: le conflit (pas de traits muables). Sa deuxième question lui

---

* Paru à la Librairie de Médicis, Paris.

fournit l'hexagramme 11: la paix, ce qui signifie bonheur et réussite. Il envoya sa fille à l'université de l'Utah où elle est parfaitement heureuse.

Comment composer et identifier un hexagramme

Comme il n'est pas facile de trouver des pièces de monnaie chinoise, je vous conseille d'utiliser vos propres pièces de monnaie. On attribue la valeur 2 au côté pile (chiffre) et la valeur 3 au côté face (effigie, écusson, etc.).

Prenez dans votre main trois pièces identiques, agitez-les bien et jetez-les en l'air, six fois au total. Pour chaque pièce qui tombe côté pile, comptez la valeur 2; pour chaque pièce tombée côté face, la valeur 3. Si votre premier jet vous donne, par exemple, deux fois pile et une fois face, vous obtenez la valeur 7, donc un trait plein (⸺ 7). Le premier jet constitue le trait inférieur, étant donné que l'hexagramme se lit de bas en haut. Supposons qu'au deuxième jet les trois pièces tombent côté pile. Cela vous donnerait la valeur 6: un trait brisé (— — 6). Le troisième jet pourrait donner deux fois face et une fois pile, soit la valeur 8: un trait brisé (— — 8). Au quatrième jet, vous obtiendrez peut-être trois fois face, la valeur 9, un trait plein (⸺ 9). Au cinquième, par exemple deux côtés pile et un côté face, donc 7, un trait plein (⸺ 7). Au sixième, disons, trois côtés pile, c'est-à-dire la valeur 6 et un trait brisé (— — 6). Maintenant vous pouvez édifier votre hexagramme de bas en haut; autrement dit, le résultat du premier jet constitue le trait de base:

```
—— ——  6
————————  7
————————  9

—— ——  8
—— ——  6
————————  7
```

Veuillez consulter le tableau à la page 255. Celui-ci contient les soixante-quatre hexagrammes qui sont commentés en détail au chapitre 8 de ce livre. Ce tableau qui sert à l'identification des hexagrammes que vous avez composés est extrait du I-Ching de R. Wilhelm*. Il vous suffit de diviser l'hexagramme en deux parties et d'identifier sa partie supérieure dans la colonne horizontale et la partie inférieure dans la colonne verticale. L'intersection des deux colonnes vous donne le numéro de l'hexagramme.

Les traits d'un hexagramme se comptent de bas en haut. Ainsi, dans notre exemple, vous obtenez le trigramme inférieur suivant:

```
——  —— 8
——  —— 6
———————— 7
```

Recherchez ce trigramme dans la colonne verticale à gauche. ensuite, identifiez la partie supérieure de votre hexagramme, c'est-à-dire le trigramme supérieur, dans la première colonne horizontale. À l'intersection des deux trigrammes, vous trouverez le numéro 17. Maintenant, recherchez au chapitre 8 l'hexagramme 17, qui s'appelle "la suite". Tel est le procédé — fort simple — pour retrouver votre hexagramme.

```
——  —— 6
———————— 7
———————— 9

——  —— 8
——  —— 6
———————— 7
```

---

* Avec l'aimable autorisation de l'éditeur.

Traits muables et traits en repos

Comme vous le voyez, l'hexagramme que nous avons obtenu ou "tracé" contient trois traits muables ou mobiles. Les traits marqués 6 ou 9 se muent toujours en leur contraire et produisent ainsi un nouvel hexagramme. Les traits marqués 7 et 8 sont toujours en repos et ne changent pas. Ainsi, dans notre hexagramme, le trait marqué 6 se transforme en son contraire, un trait plein à la valeur 7: ――― 7; le quatrième trait marqué 9 se mue également en son contraire, un trait brisé: ― ― 8; de même, le trait supérieur marqué 6 se transforme en un trait plein: ――― 7. Ceci vous donne un nouvel hexagramme. Procédez de bas en haut. ――― 7 reste inchangé; le trait marqué 6 devient ――― 7; le trait ― ― 8 reste inchangé; le trait ――― 9 se transforme en son contraire, soit ― ― 8; le cinquième trait ――― 7 reste également inchangé; et le trait supérieur ― ― 6 devient ――― 7. Le nouvel hexagramme se présente comme suit, en commençant par le bas:

――― 7
――― 7
― ― 8
― ― 8
――― 7
――― 7

Vous avez donc un nouvel hexagramme, le numéro 61, qui vous indique le résultat que vous obtiendrez en suivant les constatations du premier hexagramme.

Les traits marqués 7 et 8 sont en repos; ils ne se meuvent jamais. Lorsque vous obtenez un hexagramme comportant des traits à la valeur 6 et 9, ceux-ci sont muables et donnent lieu à la formation d'un autre hexagramme. Puisque ces traits se transforment en leur contraire et deviennent ainsi à leur tour des traits en repos, vous pouvez obtenir, pour chaque cas, tout au plus deux hexagrammes. Le premier hexagramme pourrait être qualifié de diagnostic, le deuxième de pronostic. Si je me suis étendu assez longuement sur l'édification et la structure d'une hexagramme, c'est pour être sûr d'être vraiment bien compris.

Encore quelques conseils

Quand vous obtenez des *traits marqués 6 ou 9*, vous lirez dans l'hexagramme correspondant quelle est leur signification. Il se peut que les commentaires se rapportant aux traits 6 ou 9 soient en contradiction avec le jugement et l'image de l'hexagramme. Si c'est le cas, il faut suivre les instructions se référant aux traits et non pas celles contenues dans le jugement de l'hexagramme.

Lorsqu'il n'y a que des traits en repos, c'est-à-dire lorsque votre hexagramme ne contient pas de traits à la valeur 6 ou 9, alors il ne faut pas du tout tenir compte des traits. Vous lirez le texte du jugement et de l'image qui est la réponse à votre question.

Les traits 6 et 9 dans votre *premier* hexagramme sont ceux que vous devez prendre en considération et appliquer dans votre vie. Quand ceux-ci se muent pour donner un deuxième hexagramme, vous lirez simplement le jugement et l'image, sans tenir compte des commentaires suggérés par les traits. On ne tient jamais compte des traits du deuxième hexagramme.

Les traits 7 et 8 d'un hexagramme ne comportent jamais de commentaires, puisqu'ils n'interviennent pas dans l'interprétation des traits.

Transformer un hexagramme, si cela est indiqué, est chose simple. Supposons que vous ayez reçu cet hexagramme-ci:

C'est l'hexagramme 34

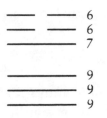

Transformé, il donne l'hexagramme 12

Il vous faut lire à présent le jugement et l'image de l'hexagramme 34, de même que la signification de tous les traits marqués des chiffres 6 ou 9. Si vous lisez "neuf à la première place", c'est le trait inférieur, celui par lequel vous avez commencé votre hexagramme, qui est visé. "Six à la deuxième place" vise le deuxième trait en commençant par le bas, et ainsi de suite, de bas en haut. En ce qui concerne le deuxième hexagramme qui représente l'aboutissement de votre question (à condition d'avoir suivi les instructions contenues dans le premier hexagramme), vous lirez uniquement le jugement et l'image sans prêter attention aux traits.

Lorsque l'hexagramme n'est pas transformable, c'est-à-dire lorsque vous obtenez un hexagramme composé uniquement de traits en repos (sans traits 6 ou 9), il y a lieu de suivre l'interprétation donnée dans le jugement et l'image et d'ignorer les commentaires se rapportant aux traits.

Votre motivation est importante. Lorsque vous posez des questions, vos motifs doivent être purs. J'aimerais faire remarquer ceci: les voyants illuminés et les mystiques qui ont inventé la méthode du I-Ching pour puiser dans la sagesse du subconscient ont incorporé dans ce système numérique un mécanisme qui empêche l'application de cette méthode à des fins négatives.

Les nombres ont beaucoup d'importance dans le I-Ching. En étudiant la structure des atomes et le numéro d'ordre des éléments dans la classification de Mendeleïev, nous pouvons identifier le nombre de charges positives ou protons dans le noyau de l'atome d'un élément déterminé et aussi, par conséquent, le nombre de neutrons qui gravitent normalement autour du noyau. Pythagore disait que le monde était gouverné par le nombre et le mouvement. C'est bien vrai. La seule différence entre une substance et une autre est le nombre et la vitesse des électrons et protons qui gravitent autour du noyau.

L'interaction des traits et des nombres dans le I-Ching figure vos capacités, qualités et états d'esprit. Symboliquement, les nombres représentent les potentialités et qualités de la puissance et de la sagesse infinies en vous. L'hexagramme révèle comment vous utilisez cette puissance: de manière constructrive ou destructrice. Rien n'est bon ou mauvais en soi; ce n'est que la manière de penser qui rend les choses bonnes ou mauvaises. C'est la façon dont vous exploitez votre puissance intérieure qui détermine si le résultat est bon ou mauvais pour vous.

Lorsque les traits semblent être en contradiction avec le jugement et l'image, il faut donner priorité au message des traits muables (à la valeur 6 ou 9). Évidemment une telle contradiction apparente a une raison bien particulière mais cachée, une raison que vous ignorez mais qui est bien connue de votre subconscient.

Lorsque vous recevez deux hexagrammes en réponse à votre question, il est possible que les deux hexagrammes soient fort dissemblables et contradictoires dans leur signification. En réalité, il n'y a pas d'opposition entre eux, étant donné qu'ils ne font que présenter à l'interrogateur la première phase et les suites ultérieures d'un même événement. Par exemple, une mine d'argent pourrait être très rentable au début, mais ne plus l'être par la suite. Votre deuxième hexagramme indiquerait donc le résultat, les conséquences de votre question.

La réponse ne peut pas comporter plus de deux hexagrammes, quel que soit le nombre de traits muables qui figurent dans votre premier hexagramme. En effet, dans le deuxième hexagramme, les traits muables sont transformés en leur contraire, en traits en repos, et ne peuvent donc plus produire d'autres hexagrammes.

Résumé

1. Le jugement signifie la conclusion ou le verdict du I-Ching, semblable au verdict prononcé par un juge; vous êtes immédiatement conscient de la décision et des conséquences. L'image indique la signification subjective ou intérieure de l'hexagramme et montre comment il faut utiliser les informations obtenues.

2. Pas de blâme: dans la vie, il y a des événements pour lesquels on ne peut vous tenir responsable. Récemment, un agent de police avait sauvé un homme de la noyade, et, au lieu de le remercier, cet homme le maudissait. Bien entendu, l'agent de police avait agi correctement.

3. L'humiliation se fait sentir quand on agit à l'encontre des lois universelles de la vie. Soyez toujours en accord avec l'infini et vous ne serez jamais humilié. Vous êtes un enfant de Dieu. Louez Dieu du plus profond de vous-même.

4. Il vous est toujours possible de corriger une faute que vous avez commise. C'est ainsi que vous grandissez et que vous apprenez. Vos erreurs sont les marchepieds qui vous conduisent au succès.

5. Il ne sert à rien de vous lamenter sur ce qui est fait. Exaltez la situation telle qu'elle est, continuez en faisant de votre mieux et soyez conscient de l'amour de Dieu qui vous anime. Le remords est le regret sincère d'avoir commis une faute. Prenez la résolution de ne plus commettre cette faute. Pardonnez-vous à vous-même et aux autres, et la faute sera oubliée une fois pour toutes.

6. "Le grand homme" désigne une personne intègre que vous respectez et auprès de laquelle vous cherchez conseil et aide, un homme ou une femme de haute valeur

éthique et spirituelle. Il se peut également que vous ayez besoin d'un conseil dans le domaine juridique, médical ou autre. Cependant, votre meilleur conseiller est Dieu qui vous guide dans votre for intérieur.

7. "Traverser les grandes eaux" veut dire: traverser les eaux de votre esprit et arriver à une décision. C'est ainsi que ce qui est sans forme prend forme: vous voyagez mentalement vers la solution d'un problème.

8. Dans un monde régi par la loi et l'ordre il n'y a ni chance, ni malchance, ni hasard. Ce qui compte c'est votre attitude mentale, votre pensée, qui s'inscrit dans votre subconscient. Comme Emerson disait, chaque expérience vécue vous va comme votre peau. Choisissez votre destin en vous conformant mentalement aux vérités divines universelles. Ainsi, même les coïncidences ne sont jamais dues au hasard. L'événement extérieur reflète l'intérieur, l'attitude mentale. "Tel l'intérieur, tel l'extérieur."

9. Avant d'interroger le I-Ching, mettez-vous dans un état d'esprit calme, paisible et réceptif. Soyez conscient que l'immense sagesse de votre subconscient connaît la solution de votre problème et que c'est elle qui vous donne la réponse à travers le I-Ching.

10. Votre question doit être pertinente, claire et sans équivoque. Il ne faut jamais poser de questions imprécises. Vous pouvez poser n'importe quelle question. Cependant, ne prenez pas la chose à la légère: posez la question avec tout le respect dû à la sagesse millénaire. Les réponses données dans ce livre sont débarrassées du langage symbolique de l'original, afin que tout le monde puisse les comprendre facilement.

11. La méthode la plus rapide pour obtenir des réponses est celle où l'on jette des pièces de monnaie. Utilisez des

pièces ordinaires et jetez-en trois, six fois desuite. Le côté pile reçoit la valeur 2, le côté face la valeur 3. Après avoir jeté les trois pièces six fois, vous composerez votre hexagramme. L'identification de l'hexagramme que vous avez tracé ne pose aucun problème. Consultez le tableau de la page 255. Cherchez les trois traits inférieurs de votre hexagramme dans la rubrique verticale à gauche et les trois traits supérieurs dans la rubrique horizontale en haut. À l'intersection des deux rubriques, vous tombez sur la case qui contient le numéro de votre hexagramme.

12. Les traits de votre premier hexagramme marqués du chiffre 6 ou 9 sont muables. Le 6 se transforme en 7 et le 9 se transforme en 8, créant ainsi un nouvel hexagramme. Les traits 7 et 8 par contre sont en repos: ils ne peuvent pas se transformer. Ils font partie de la structure de l'hexagramme.

13. Lisez les interprétations des traits marqués 6 ou 9 dans les passages intitulés "Les traits", par exemple: "six à la deuxième place signifie..." ou "neuf à la cinquième place signifie...", etc. Si l'interprétation d'un trait semble être en contradiction avec le jugement ou l'image, il y a lieu de se conformer aux instructions relatives aux traits et non pas au texte du jugement ou de l'image.

14. Lorsqu'un hexagramme ne contient pas de traits muables, vous pouvez ignorer complètement les traits. Lisez et tenez compte uniquement de ce qui est écrit dans le jugement et l'image.

15. Dans la deuxième hexagramme, il ne faut pas tenir compte des traits, mais seulement du jugement et de l'image.

16. Votre motivation est d'une grande importance. Suivez la Règle d'or et la loi de l'amour quand vous faites appel

au I-Ching. Celui-ci ne se prête d'ailleurs pas aux fins négatives ou malhonnêtes; parce que votre subconscient enregistre vos motifs cachés, vous ne pouvez pas le tromper. Si vous laissez pénétrer dans votre subconscient des pensées négatives, vous ne récoltez que du négatif, qui sera multiplié et amplifié.

17. Lorsque vous obtenez deux hexagrammes en réponse à votre question, le premier représente le stade initial, tandis que le deuxième signifie le résultat ou la conséquence ultimes. La réponse ne dépasse jamais le nombre de deux hexagrammes.

Chapitre 6

Comment interpréter la mystique du I-Ching

Yang et Yin

Le Yang et le Yin représentent les principes masculin (Yang) et féminin (Yin). En ce qui vous concerne, considérez-les tout simplement comme votre conscient (masculin) et votre subconscient (féminin) ou comme votre pensée et vos sentiments. Les traits Yang sont pleins. Les traits Yin sont brisés. Les traits Yang — qui sont pleins — portent les chiffres 7 et 9. Les traits Yin — qui sont brisés — portent les chiffres 6 et 8. Dans un hexagramme, le trait plein au chiffre 9 se transforme en son contraire, soit un trait brisé — — 8; tandis que le trait brisé au chiffre 6 se transforme en son contraire, soit un trait plein ———— 7.

Méditez calmement l'hexagramme que vous avez reçu et soyez conscient que la sagesse de votre subconscient fera surface dans votre conscient, vous permettant ainsi de reconnaître, de saisir intuitivement la réponse.

La quatrième dimension

La quatrième dimension de la vie, que nous n'avons pas l'habitude de considérer dans la perspective habituelle de notre monde tridimensionnel, nous entoure et pénètre notre existence. La nuit, quand vous dormez, vous y entrez. C'est une dimension de l'esprit. Il arrive que vous receviez dans le rêve des réponses aux problèmes de votre vie; souvent, vous voyez dans le rêve des événements avant qu'ils ne se produisent; il se passe parfois des semaines ou des mois avant que les événements dont vous avez rêvé surviennent dans notre monde objectif et tridimensionnel. Les expériences, événements, déceptions et succès éventuels qui surviendront dans votre vie sont déjà anticipés dans les profondeurs de votre esprit. Votre état d'esprit actuel détermine votre avenir; par conséquent, votre avenir est la manifestation concrète de vos convictions et pensées actuelles. Dans la quatrième dimension de votre esprit, le commencement et la fin ne font qu'un. En d'autres termes: la pensée ne se distingue pas de sa réalisation, puisqu'il n'y a ni temps ni espace dans cette dimension supérieure de votre esprit.

En voici un exemple. Je disais à un ami: "Vous avez l'intention d'aller à Hawaï, n'est-ce pas?" Il me répondit: "En effet. Mais comment le saviez-vous? Personne n'était au courant de mon projet de voyage." Je lui expliquai que la pensée de son voyage était présente dans son esprit et que, mentalement, il avait déjà effectué le voyage. J'ajoutai à mon explication que ses pensées, projets et idées avaient déjà pris forme et substance dans la dimension supérieure de son esprit et qu'ils pouvaient être perçus par certaines personnes, soit par clairvoyance, soit par intuition. Les idées et les projets qui vous préoccupent en ce moment sont aussi réels que votre main ou votre tête. La conception d'une chose en est aussi la réalité.

Imaginons que tous les avions du monde entier soient détruits par une catastrophe générale. Un ingénieur qui aurait en tête la conception d'un moteur d'avion pourrait le reconstruire dans son atelier; ensuite, ce moteur pourrait être reproduit à des millions d'exemplaires dans des usines partout dans le monde. La conception de l'avion se trouve dans la tête de l'ingénieur. C'est cela la réalité anticipée de l'avion.

D'autre part, imaginez que vous projetez un voyage en voiture de Paris à Marseille. Avant le départ, vous apprenez par la radio que le Rhône et de nombreuses rivières sont sortis de leur lit à la suite de pluies torrentielles et que les routes sont inondées par endroits. Objectivement et à l'aide de vos cinq sens, vous ne sauriez connaître l'état des routes entre Paris et Marseille.Par contre, un aviateur qui survolerait la région à basse altitude pourrait, grâce à un équipement télescopique et photographique, repérer les tronçons de route inondés, les ponts effondrés, les glissements de terrain obstruant le passage. Il pourrait voir la situation d'une perspective plus élevée et vous communiquer ses perceptions. Vous seriez à l'abri du danger et en mesure d'éviter un accident éventuel, grâce à sa capacité de voir de plus haut. Cet exemple nous permet de comprendre ce qu'est la vision de la quatrième dimension ou la prescience.

Le I-Ching et la prescience

Ayant progressé jusqu'ici dans la lecture de ce livre, vous aurez compris qu'en faisant appel à l'oracle du I-Ching, que ce soit par la méthode des pièces de monnaie ou des tiges d'achillée, vous pratiquez une sorte de vision supérieure pour dégager les messages de votre subconscient. Votre subconscient est doté de prescience, ce qui signifie qu'il a connaissance des événements avant qu'ils ne se produisent objectivement ou qu'ils ne se manifestent dans le monde visible. Il connaît à l'avance les choses à venir, et le I-Ching vous révèle non seulement votre état d'esprit actuel, mais aussi ce qui arrivera en fonction de vos acceptations, conditionnements et subconscients.

Si vous étiez un pilote d'avion survolant une ligne de chemin de fer, il vous serait possible d'observer deux trains se rapprocher à toute vitesse sur la même voie. Les conducteurs de ces deux trains ne pourraient pas savoir que la collision est imminente; par contre, le pilote pourrait voir immédiatement le danger qui menace, avertir les conducteurs à temps et empêcher ainsi la collision avec ses suites catastrophiques. C'est selon ce même principe et à des fins semblables que vous ferez appel au I-Ching. L'hexagramme que vous obtenez peut vous prévenir du danger que représente telle ou telle démarche projetée; cela vous permet de faire marche arrière, de corriger votre attitude mentale et de modifier votre approche à l'égard du projet en question.

Interroger le I-Ching pour une autre personne

Si quelqu'un vous demande d'interroger pour lui le I-Ching sur une question importante, mettez-vous bien d'accord avec lui sur la nature de la question. Cette personne peut se trouver loin de vous et vous demander ce service par téléphone. Il faut alors procéder de cette façon: pensez calmement à la personne en question; ensuite, jetez les pièces de monnaie six fois, comme cela a déjà été expliqué, en vous concentrant sur la question. Détachez-vous autant que possible de votre environnement et consacrez-vous totalement à cette tâche. La réponse que vous recevrez vous indiquera ce que vous souhaitez savoir. Faites confiance à votre capacité intuitive qui vous permet de distinguer le sens profond de l'hexagramme.

Pièces de monnaie ou tiges d'achillée?

La technique des tiges d'achillée prend beaucoup de temps et n'offre aucun avantage réel par rapport à la méthode des pièces de monnaie. Seule importe votre attitude mentale. La technique des tiges d'achillée, très complexe, qui est expliquée dans les livres sur le I-Ching, n'est pas du tout indispensable. Quiconque comprend à un certain degré le fonctionnement du subconscient sait que ce rituel compliqué favorise, par la suggestion, le dégagement des messages et leur interprétation, grâce à un sollicitation intense de l'imagination qui déclenche le processus spirituel du subconscient. Cependant, vous obtiendrez les mêmes résultats si vous vous mettez dans un état d'esprit détendu, passif, méditatif et réceptif, avant d'employer les pièces de monnaie.

Savoir reconnaître la réponse

Un médecin, qui avait étudié le I-Ching depuis une vingtaine d'années, souhaitait une réponse à la question suivante: "J'aimerais que le I-Ching se prononce sur mon état de santé." Le I-Ching lui conseilla d'aller voir le "grand homme", ce qui peut signifier un homme de haute valeur spirituelle, un homme très sage ou bien aussi un excellent médecin, un avocat ou un spécialiste dans un autre domaine. Le médecin conclut qu'il ferait bien de consulter un de ses collègues, ce qu'il fit. Un examen radiologique fit apparaître une tumeur dont il n'avait pas connaissance. Il se fit soigner immédiatement, et, depuis lors, son état de santé s'est amélioré de façon spectaculaire.

Le médecin avait compris que son subconscient avait perçu la présence de cette tumeur et qu'il la lui révélerait par le truchement de l'hexagramme. Grâce à son action immédiate, il a sans aucun doute réussi à écarter des ennuis plus graves.

Rappelez-vous qu'il y a toujours une solution à tout problème, une réponse à toute question, un chemin qui vous permet de sortir de la forêt dans laquelle vous vous êtes égaré. Mais seule la sagesse infinie qui vous habite connaît la solution, la réponse, le chemin.

Le bien ou le mal

Il y a quelque temps, un homme m'interrogea sur le fait de savoir si c'était le divin qui parlait en lui ou bien si des impulsions négatives étaient à l'oeuvre. Il venait de lire dans un journal que des adhérents d'une certaine secte prétendaient avoir reçu de Dieu l'ordre de tuer d'autres membres de leur groupe. Dans un autre article de journal, il avait lu qu'un homme affirmait que Dieu lui avait commandé de tuer sa belle-mère.

Jamais des impulsions de tuer et de détruire ne peuvent venir de Dieu, qui est l'origine de l'amour et du bien parfait. Ces impulsions proviennent de la pensée négative et destructrice de l'homme. Celle-ci se fixe dans son subconscient et, dès lors, c'est son subconscient même qui reproduit — comme une bande magnétique — ce qu'il avait enregistré. Le meurtre se commet d'abord dans le coeur, et lorsque quelqu'un couve des idées de meurtre et de haine, c'est en réalité sa propre voix qu'il entend réclamer le meurtre. Ce que l'homme fait entrer dans son subconscient, c'est cela aussi qui en ressort.

Comment être sûr de la bonne ligne de conduite

Tout d'abord, il faut que votre motivation soit juste. Elle doit reposer sur la Règle d'or et sur la loi de l'amour, qui impliquent la bienveillance envers tous les hommes. Lorsque quelqu'un a d'autres motifs, lorsqu'il est habité par la peur et la rancune, son subconscient ne peut que reproduire ces sentiments-là, et les impulsions et suggestions qu'il recevra seront évidemment de nature négative.

Procédez comme suit et affirmez avec conviction: "Ma motivation est juste. Je rayonne l'amour et la bienveillance envers tous les hommes et femmes, et je leur souhaite sincèrement tous les bienfaits de la vie. Je crois implicitement en un Dieu d'amour et je sais que toutes les impulsions et suggestions qui me viennent de l'intelligence infinie en moi seront toujours orientées vers la vie et vers Dieu. Toutes mes aspirations et toutes mes interrogations m'arrivent par une seule voie, la voie de la loi et de l'ordre divins. Je reconnais la ligne de conduite, l'orientation, qui se manifestent clairement dans ma conscience."

Imprégnez votre subconscient de cette prière en la répétant souvent et avec sincérité, et vous n'aurez aucune difficulté à reconnaître l'orientation que Dieu vous indique ...*car Dieu n'est pas un dieu de désordre, mais de paix*. (Corinthiens, I, 14: 33.)

Le I-Ching et la bonne ligne de conduite

Vous constaterez souvent que le I-Ching vous conseille de quitter un certain cap et de renoncer à quelque chose. Les raisons en sont évidentes. Il se peut que vous soyez sous l'influence d'un sentiment négatif et que le cap que vous suivez mènerait à votre perte ou vous causerait des dommages. Il vous est toujours possible de retrouver la bonne voie en invoquant la loi et l'ordre divins dans tous les domaines de votre vie. Il ne doit persister en vous aucune tendance à la fourberie et à la traîtrise, car de telles attitudes négatives ne vous procureraient que souffrance, douleur et dommages de tout genre. Prenez à coeur cette parole biblique qui est la Règle d'or: *Ainsi, tout ce que vous voulez que les hommes fassent pour vous, faites-le vous-même pour eux...* (Matthieu, 7: 12.)

Résumé

1. Dans la symbolique chinoise, les traits Yang et Yin indiquent les principes masculin et féminin en chacun de nous. Les traits Yang sont pleins, comme les traits 9 et 7. Les traits Yin sont brisés, comme les traits 8 et 6.

2. Réfléchissez calmement à l'hexagramme que vous recevez, tout en comprenant que c'est la sagesse de votre subconscient qui se manifeste à travers le I-Ching, que c'est elle qui vous donne la bonne réponse.

3. Il existe une quatrième dimension qui est de nature spirituelle. Des médiums, des personnes aux dons intuitifs sont capables de capter vos pensées, vos désirs, vos projets.

4. Le I-Ching vous transmet des messages de votre subconscient. Il vous renseigne sur votre état d'esprit actuel et vous révèle l'avenir. L'avenir est toujours votre état d'esprit actuel devenu visible.

5. Votre subconscient possède une prescience des choses à venir. Si celles-ci sont de nature négative, vous pouvez les changer en vous mettant au diapason de l'Infini, en devenant le foyer de l'harmonie, de la paix et de l'amour de Dieu. Lorsque vous aurez ainsi conditionné votre subconscient, il vous guidera sur la bonne voie.

6. Vous pouvez également poser des questions pour une autre personne. Cependant, il faut que cette personne et vous-même soyez d'accord sur la question. Concentrez votre attention sur la question, sachant que vous recevrez la bonne réponse, et il adviendra ce que vous croyez.

7. La technique des tiges d'achillée ne présente pas d'avantage particulier par rapport à celle des pièces de monnaie. Ce qui compte est uniquement votre état

d'esprit réceptif qui favorise le dégagement des messages de votre subconscient.

8. Vous interpréterez intuitivement la réponse que vous obtiendrez, conscient du fait que c'est l'intelligence infinie de votre subconscient qui vous dévoile la réponse à travers le I-Ching, qui n'est qu'un catalyseur.

9. Votre subconscient peut se comparer à une bande magnétique. Il reproduit les pensées, les sentiments, les conceptions que vous y avez enregistrés. Lorsque vous êtes plein d'amour et de bienveillance envers tout le monde, sans mensonges et sans tromperies, que vous aspirez à ce que toute votre vie soit régie par la loi et l'ordre divins, alors vous agissez correctement.

10. Lorsque vous priez pour connaître la ligne de conduite divine, restez toujours tourné vers la vie, la vie épanouie. Faites confiance à cette orientation divine. Votre motivation doit être saine et positive, et reposer sur la Règle d'or: vous souhaiterez à tous les hommes ce que vous souhaitez pour vous-même. Alors, vous bénéficierez de cette ligne de conduite divine que vous serez capable de reconnaître.

Chapitre 7

Les hexagrammes du I-Ching et leur interprétation

Le tableau de la page 255, destiné à l'identification des hexagrammes, vous permet de retrouver l'hexagramme que vous avez formé. Vous trouverez au chapitre 5 les indications pour construire votre hexagramme, lorsque vous cherchez conseil. Le tableau vous montre qu'il est possible de former soixante-quatre hexagrammes différents. Vous en trouverez ici une description détaillée, hexagramme par hexagramme. Les numéros de référence du tableau sont repris dans la description qui suit et servent à identifier les divers hexagrammes.

1. K'ien/Le créateur

En haut K'ien, le créateur, le ciel

En bas K'ien, le créateur, le ciel

D'après les anciens mystiques chinois Dieu, pour créer l'univers et l'homme, s'est divisé en deux parties, le masculin et le féminin: tout l'univers a été créé à partir de ce Yang masculin et de ce Yin féminin. Dans le cadre de ce livre, considérez K'ien, le premier hexagramme, comme le principe masculin en vous, c'est-à-dire comme votre conscient. Celui-ci est capable de faire des choix. Il transmet ces choix à votre subconscient, le principe féminin, qui reproduit fidèlemet les impressions reçues. Ainsi, votre conscient peut être comparé à l'Esprit en soi, puisque vous créez les conditions et les expériences de votre vie en suivant le même processus selon lequel Dieu a créé le soleil, la lune, les étoiles, les galaxies dans l'espace et toutes les choses de ce monde. Vous avez été créé à l'image de Dieu. Votre esprit est l'Esprit de Dieu.

Le jugement

Le conscient éclairé choisit des vérités éternelles qui sont les idées de Dieu. Lorsque ces vérités éternelles sont perçues comme des réalités, celles-ci pénètrent dans le subconscient et germent ensuite comme des semences, selon leur nature.

L'image

Dieu est l'Esprit vivant et tout-puissant, l'unique présence, cause, pouvoir et puissance. Si vous vous unissez mentalement à cette présence suprême, celle-ci deviendra une force agissante dans votre vie.

Les traits

Neuf au commencement signifie: *...dans... le calme... et la confiance était votre force...* (Isaïe, 30:15.) Tout d'abord, restez calme et tranquille; la bonne voie vous sera révélée en temps voulu.

Neuf à la deuxième place signifie: vous auriez intérêt à demander conseil à une personne que vous respectez et en qui vous avez confiance. Soyez conscient que Dieu vous conduira vers la personne qui convient le mieux.

Neuf à la troisième place signifie: en rentrant du travail, vous devriez vous détendre et vous détacher de tous les ennuis et vexations de la journée; rappelez-vous la présence de Dieu. Soyez conscient que vous êtes animé par la force divine. Dites-vous en toute confiance: ...*il n'y a point d'autorité qui ne vienne de Dieu — amour —* ... (Romains, 13:1.) Évoluez dans l'amour, et tout sera pour le mieux.

Neuf à la quatrième place signifie: prenez une décision claire, et, ce faisant, soyez convaincu que votre action est juste et agréable à Dieu; veillez à ce *que tout se passe chez vous dans la charité.* (Corinthiens, I, 16:14.)

Neuf à la cinquième place signifie: il serait utile d'aller trouver une personne de haut niveau spirituel pour vous laisser conseiller par elle. Soyez conscient que Dieu vous guide sur tous vos chemins et que le bonheur vous est acquis.

Neuf en haut signifie: *Tu aimeras ton prochain comme toi-même.* (Lévitique, 19:18.) Il signifie également... *celui qui demeure dans l'amour demeure en Dieu...* (Jean, I, 4:16.) Louez ce qu'il y a de divin dans les gens qui vous entourent. Soyez aimable et prévenant et souhaitez à tout le monde santé, bonheur, paix et tous les bienfaits de la vie. Pardonnez-vous d'avoir eu des pensées négatives à l'égard de vous-même ou à l'égard d'autrui, ...*suivez la voie de l'amour...* (Éphésiens, 5:2.)

2. K'ouen / Le réceptif

☷ ☷   **En haut K'ouen, le réceptif, la terre**

☷ ☷   **En bas K'ouen, le réceptif, la terre**

Ceci est l'aspect féminin de Dieu, le subconscient universel. La Bible y fait référence par des termes tels que le coeur (le subconscient), la loi, la femme, l'épouse. Dans le cadre de ce livre, considérez le deuxième hexagramme comme votre propre subconscient, votre médium créateur. Votre esprit intelligent, votre conscient choisit une idée (un projet, un objectif) et, lorsque vous transmettez cette idée en toute foi et en toute confiance à votre subconscient, celui-ci la fera se réaliser à sa manière. Le subconscient universel qui constitue une partie intégrante de votre subconscient connaît l'origine de la création tout entière. Votre subconscient est en union avec la sagesse illimitée et infinie. Sachez que votre subconscient fera fructifier toutes les idées sur lesquelles votre conscient porte son attention et qu'il nourrit avec calme et confiance. Votre subconscient est la force de votre esprit qui permet de réaliser vos pensées et vos sentiments.

Le jugement

Votre subconscient est doté de tous les pouvoirs, attributs et qualités de Dieu. Vous pouvez utiliser les pouvoirs de votre subconscient de deux manières: ou vous imaginez le bien et le bien s'ensuivra; ou vous imaginez le mal et le mal s'ensuivra. Pensez à des choses nobles, pures et agréables à Dieu, et vous récolterez la santé, le bonheur et la paix.

L'image

Comme les semences que vous semez dans votre jardin, vous pouvez semer dans votre subconscient tout ce que vous aimez. Que votre conviction dominante soit celle-ci: "Dieu m'aime, il me guide et me conduit sur tous mes chemins." Alors, votre monde extérieur se transformera comme par magie à l'image et à la ressemblance de votre conviction dominante.

Les traits

Six au commencement signifie: il faut *...avoir à coeur d'exceller dans la pratique du bien.* (Tite, 3:8.) Débarrassez-vous des sentiments d'hostilité et de haine. Vous reconnaissez le moment où vous avez pardonné aux autres au fait que vous pouvez les rencontrer dans votre esprit sans sentir l'aiguillon de la rancune. C'est comme si vous étiez guéri d'un abcès douloureux: vous en avez le souvenir, mais vous n'en éprouvez plus la douleur. Tout comprendre, c'est tout pardonner.

Six à la deuxième place signifie: *... tout ce qu'il fait réussit.* (Psaumes, 1:3.) Sachez que tout ce que vous faites vous réussira, parce que l'action juste et agréable à Dieu est la vôtre à présent.

Six à la troisième place signifie: reconnaissez que Dieu est la source de tout ce qui vous est donné, qu'Il est votre supérieur et votre guide. Accordez à Dieu tout honneur et toute gloire. Ne vous vantez pas et ne vous glorifiez pas vous-même. Gardez à l'esprit: "C'est grâce à la force de Dieu qui agit en moi que je puis tout faire."

Six à la quatrième place signifie: *N'entretenez aucun souci; mais en tout besoin recourez à l'oraison et à la prière, pénétrées d'action de grâces, pour présenter vos requêtes à Dieu.* (Philippiens, 4:6.) Décontractez-vous, libérez-vous de vos soucis, soyez calme et tranquille. Mettez votre confiance en Dieu et tout sera bien.

Six à la cinquième place signifie: *Ses chemins sont chemins de délices, tous ses sentiers, de bonheur.* (Proverbes, 3:17). tout ce que vous entreprendrez, réussira ...*la joie de Yahvé est votre forteresse.* (Néhémie, 8:10.)

Six en haut signifie: quel que soit le conflit qui vous préoccupe, soyez convaincu que tout danger et tout mal sera inévitablement vaincu par le bien. Ne combattez pas les pensées négatives qui vous assaillent; mettez à leur place les pensées constructives de l'amour, de l'harmonie, de la paix. La lumière dissipe l'obscurité, puisque l'obscurité est absence de lumière. Ressentez votre union avec Dieu et, dès ce moment, un courant de paix infini vous envahira et apportera la paix à votre âme troublée.

3. Tchouen/La difficulté initiale

☵   **En haut K'an, l'insondable, l'eau**

☳   **En bas Tchen, l'éveilleur, le tonnerre**

Le jugement

...mais celui qui aura tenu bon jusqu'au bout, celui-là sera sauvé. (Matthieu, 10:22.) En tenant bon, en persévérant, vous trouverez la solution. Vous savez qu'avec l'aide de Dieu vous atteindrez votre but. Pensez, sentez, et agissez justement.

L'image

Maintenez courageusement votre projet envers et contre tout et gardez à l'esprit que vous pouvez maîtriser n'importe quel problème parce que c'est la loi et l'ordre divins qui déterminent tous vos agissements.

Les traits

Neuf au commencement signifie: *Remets ton sort à Yahvé, compte sur Lui, Il agira.* (Psaumes, 37:5.) Persévérez inlassablement, tout en comprenant que la sagesse infinie de votre subconscient vous révélera tout ce que vous devez savoir et que Dieu vous conduira vers ceux qui pourront coopérer avec vous.

Six à la deuxième place signifie: *Sois calme devant Yahvé et attends-le.* (Psaumes, 37:7.) Tenez-vous tranquille dans votre barque, et calmez votre esprit. Ne vous laissez pas troubler par quoi que ce soit. Pour le moment, attendez patiemment; une solution et un aboutissement harmonieux ne manqueront pas d'intervenir.

Six à la troisième place signifie: *...dans... le calme... était votre force...* (Isaïe, 30:15.) N'ayez pas peur. Restez où vous êtes et soyez convaincu que l'aube viendra et que toutes les ombres s'effaceront. Restez tranquille pour le moment.

Six à la quatrième place signifie: *Espère en Yahvé, prends coeur et prends courage, espère en Yahvé.* (Psaumes, 27:14.) Vous ne pouvez pas forcer la semence dans le sol à germer. Mais vous pouvez lui apporter de l'eau et de l'engrais, et favoriser ainsi sa croissance. De même, le voeu ardent que vous venez de communiquer à votre subconscient se réalisera en temps voulu et conformément aux desseins de Dieu.

Neuf à la cinquième place signifie: *Eh bien, moi, je vous dis de ne pas tenir tête au mal...* (Matthieu, 5: 39.) Il faut vaincre le mal par le bien. Si vous essayez de combattre quelque chose dans votre esprit, vous donnez à cette chose une importance accrue, provoquant ainsi l'effet contraire.

Autrement dit, si vous vous tourmentez, si vous vous énervez, si vous vous fâchez, vous obtiendrez le contraire de ce que vous souhaitiez. Calmez et apaisez votre esprit, et laissez-vous pénétrer de l'idée que tout se passera selon la loi et l'ordre de Dieu.

Six en haut signifie: *Soyez assidus à la prière; qu'elle vous tienne vigilants, dans l'action de grâces.* (Colossiens, 4: 2.) À chaque instant, restez fidèle à la voie tracée, et vous connaîtrez la joie de l'accomplissement.

4. Mong / La folie juvénile

☰ ☷   **En haut Ken, l'immobilisation, la montagne**

☵ ☵   **En bas K'an, l'insondable, l'eau**

Le jugement

Voici nos fils comme des plants grandis dès le jeune âge... (Psaumes, 144: 12.) *Et souviens-toi de ton Créateur aux jours de ton adolescence...* (Ecclésiaste, 12:1.) Quand nous sommes jeunes, nous manquons encore de maturité. Nous fréquentons l'école pour apprendre et pour acquérir de la discipline, et non pas pour dire au professeur comment il doit enseigner ou donner son cours. Il faut que nous ayons soif d'apprendre et de savoir, que nous soyons respectueux de l'autorité et de la sagesse des siècles — alors nous progresserons sur toute la ligne.

L'image

Une éducation véritable ne se limite pas à l'acquisition de connaissance, mais elle vise avant tout à faire comprendre les valeurs spirituelles de la vie. Nous devons apprendre à reconnaître Dieu et à découvrir dans notre trésor intérieur ce qu'il y a de divin en nous.

Les traits

Six au commencement signifie: *Instruis le jeune homme selon ses dispositions, devenu vieux, il ne s'en détournera pas.* (Proverbes, 22:6.) ...*mais le jeune homme laissé à lui-même est la honte de sa mère.* (Proverbes, 29:15.) Il n'y a pas d'amour sans discipline et pas de discipline sans amour. Ces vérités sont aujourd'hui d'une grande actualité.

Neuf à la deuxième place signifie: *Ne jugez pas, et vous ne serez pas jugés; ne condamnez pas, et vous ne serez pas condamnés.* (Luc, 6:37.) Il y a beaucoup de gens difficiles dans ce monde. Soyez tolérant envers eux et évitez de les juger. Il ne vous viendrait pas à l'esprit de vous fâcher ou de vous indigner contre un handicapé ou un infirme. Beaucoup de gens sont psychiquement infirmes. Souhaitez-leur du bien et poursuivez votre chemin. Disciplinez vos pensées et vos sentiments, vos actions et vos réactions, et conformez-vous toujours à la Règle d'or et à la loi de l'amour.

Six à la troisième place signifie: *Il y a un moment pour tout et un temps pour toute chose sous le ciel. Un temps pour enfanter, et un temps pour mourir; un temps pour planter, et un temps pour arracher le plant.* (Ecclésiaste, 3:1-2.) Attendez — ce n'est pas le moment pour planter ou pour embrasser ...*un temps pour embrasser, et un temps pour s'abstenir d'embrassements.* (Ecclésiaste, 3:5.)

Six à la quatrième place signifie: "Là où il n'y a pas de vision, les hommes périssent." Votre vision, c'est ce qui retient votre attention et qui occupe votre pensée. Il faut un fondement à votre image mentale. Soyez pragmatique. Votre imagination doit être disciplinée et maîtrisée judicieusement. Vos rêves, vos idées ne verront jamais le jour si vous ne les assimilez pas dans votre subconscient.

Six à la cinquième place signifie: *En vérité je vous le dis, si vous ne retournez pas à l'état des enfants, vous n'entrerez pas dans le Royaume des Cieux.* (Matthieu, 18:3.) L'enfant est ouvert, réceptif et confiant. Ouvrez-vous en toute confiance à ces vérités: vous attirez ce que vous sentez et vous deviendrez ce que vous souhaitez devenir. Croyez au bonheur, et le bonheur vous sera acquis. Croire, c'est accepter quelque chose comme vérité, c'est accepter d'être conscient de cette vérité. Vous êtes l'expression de votre croyance.

Neuf en haut signifie: pardonner une faute n'est pas l'admettre. Vous pardonnez à votre jeune fils d'avoir volé des pommes, mais vous ne l'admettez point — sinon il finirait sans doute par devenir un voleur. Peut-être le punirez-vous en lui donnant des travaux à faire; ou bien le disciplinerez-vous en lui retirant son argent de poche pendant deux semaines et en l'obligeant, avec l'argent qu'il aurait normalement reçu, à rembourser le propriétaire du pommier, dont il avait "emprunté" les pommes et qu'il avait "oublié" de payer. Lorsque vous punissez un enfant ou n'importe qui d'autre, l'objectif premier est de lui faire accepter la Règle d'or.

5. Su/L'attente (la nutrition)

≡ ≡ **En haut K'an, l'insondable, l'eau**

≡≡≡ **En bas K'ien, le créateur, le ciel**

Le jugement

Progressez d'où vous vous trouvez spirituellement vers une nouvelle expérience. Dans votre esprit, vous passez toujours d'un endroit à un autre. Acceptez ce voyage à la fois intérieur et extérieur vers une vie plus accomplie et vers une progression constante à tout point de vue.

L'image

...Je vais faire pleuvoir pour vous du pain du haut du ciel. (Exode, 16:4.) Vivez dans l'attente joyeuse du meilleur, et le meilleur vous arrivera. soyez de plus en plus réceptif et ouvert à tous les bienfaits de la vie, acceptez-les sans réserve.

Les traits

Neuf au commencement signifie: *...dans... le calme... et la confiance était votre force...* (Isaïe, 30:15.) Vaquez à vos occupations comme d'habitude et soyez convaincu que toutes choses convergeront pour faire votre bien. La bonne voie s'ouvre à vous selon l'ordre divin, par l'amour divin.

Neuf à la deuxième place signifie: *Tu assureras la paix, la paix qui t'est confiée.* (Isaïe, 26:3.) Veillez à ce que votre esprit soit au diapason de l'Infini. Ne permettez pas à d'autres personnes d'exercer un pouvoir sur vous. Le pouvoir se situe dans votre propre pensée. Orientez votre pensée vers Dieu et son amour, et vous ne subirez aucun mal.

Neuf à la troisième place signifie: *...car, lorsque je suis faible, c'est alors que je suis fort.* (Corinthiens, II, 12:10.) Ne cédez jamais à la peur. La peur, c'est croire en une mauvaise chose. La peur, c'est la foi à l'envers. Unissez-vous spirituellement à la présence de Dieu et affirmez ceci: "L'amour de Dieu remplit mon âme et purifie mon esprit. L'amour divin me précède et aplanit mon chemin. L'amour divin dissout tout ce qui ne lui ressemble pas."

Six à la quatrième place signifie: *Le malheur ne peut fondre sur toi, ni la plaie approcher ta tente.* (Psaumes, 91:10.) *Yahvé combattra pour vous; vous, vous n'aurez qu'à rester tranquilles.* (Exode, 14:14.) Ne faites pas violence à votre esprit, cela ne ferait qu'aggraver votre situation. Soyez convaincu que la force et la sagesse qui demeurent dans votre subconscient vous apporteront la bonne solution et une issue heureuse.

Neuf à la cinquième place signifie: *Et nous savons qu'avec ceux qui L'aiment, Dieu collabore en tout pour leur bien...* (Romains, 8:2.) Aimer Dieu, cela veut dire que vous accordez toute votre affection, votre dévouement et votre fidélité à l'Esprit vivant et tout-puissant auquel vous participez. Dès lors, soyez convaincu que Dieu agit dans votre vie, ce qui signifie paix et harmonie partout. Prenez à coeur ces vérités et vous serez comblé des bienfaits.

Six en haut signifie: *En toutes tes démarches, reconnais-Le et Il aplanira tes sentiers.* (Proverbes, 3:6.) *Si tu traverses les eaux Je serai avec toi, et les rivières, elles ne te submergeront pas. Si tu passes par le feu, tu ne souffriras pas, et la flamme ne te brûlera pas.* (Isaïe, 43:2.) Lorsque vous êtes déprimé ou sans courage, tournez votre regard vers l'intérieur, vers la présence de Dieu en vous. Par la foi, vous pouvez déplacer des montagnes. L'amour, c'est l'accomplissement suprême. Rayonnez l'amour et la bienveillance envers tous. Louez le divin dans les autres et souhaitez-leur tous les bienfaits de la vie. En faisant cela, des miracles se produiront dans votre vie. Et tout le bien vous sera alors acquis.

6. Soung/Le conflit

≡≡≡   **En haut K'ien, le créateur, le ciel**

≡ ≡   **En bas K'an, l'insondable, l'eau**

Le jugement

Ne te laisse pas vaincre par le mal, sois vainqueur du mal par le bien. (Romains, 12:21.) *On aura pour ennemis les gens de sa famille.* (Matthieu, 10:36.) Ne combattez pas dans votre esprit. Votre "famille", c'est votre propre esprit. Les "ennemis" sont vos pensées négatives, celles de la peur, de la colère, de l'hostilité. N'agissez pas sous l'influence d'émotions négatives. Effacez les impulsions négatives par la pensée constructive, en priant Dieu de vous montrer la bonne ligne de conduite et de vous accorder la paix intérieure. Il serait avantageux pour vous de chercher un conseil spirituel.

L'image

Rendez-vous compte que l'immense pouvoir guérissant de Dieu qui agit en vous, fait en sorte que tout se passe selon la loi et l'ordre divins.

Les traits

Six au commencement signifie: *Décharge sur Yahvé ton fardeau et Lui te subviendra...* (Psaumes, 55:23.) Détachez-vous de tous les problèmes, mettez-vous au diapason de l'Infini et soyez conscient que Dieu agit dans votre vie, vous apportant l'harmonie, la paix et tous les bienfaits.

Neuf à la deuxième place signifie: *De toute votre inquiétude, déchargez-vous sur Lui, car Il a soin de vous.* (Pierre, I, 5:7) Tenez-vous fermement à cette vérité qu'il y a une sagesse et un pouvoir en vous qui apportent la paix là où règne la discorde et qui assouvissent tous vos besoins. Lorsque vous essayez de faire violence à votre esprit en recourant à la coercition et au volontarisme, vous mettez en action la loi de l'effet contraire: vous obtiendrez le contraire de ce que vous avez souhaité. Restez tranquille et rappelez-vous que c'est Dieu qui agit dans votre vie.

Six à la troisième palce signifie: *Et nous savons qu'avec ceux qui L'aiment, Dieu collabore en tout pour leur bien...* (romains, 8:28.) Reconnaissez que Dieu est votre "employeur" et que vous travaillez pour Lui. Louez ce qu'il y a de divin dans vos "compagnons de travail". *Comment pouvez-vous croire, vous qui recevez votre gloire les uns des autres?... et ne cherchez pas la gloire qui vient du Dieu unique.* (Jean, 5:44.)

Neuf à la quatrième place signifie: *Mais s'il reste impassible, qui le condamnera?...* (Job, 34:29.) Soyez convaincu qu'il y aura une solution harmonieuse grâce à la sagesse et au pouvoir de Dieu. Laissez la paix de Dieu régner dans votre coeur et votre esprit, et tout sera bien.

Neuf à la cinquième place signifie: *Mais Dieu était avec lui: Il le tira de toutes ses tribulations...* (Actes des Apôtres, 7:9-10.) Il y aura toujours une issue heureuse, une réponse merveilleuse à votre prière.

Neuf en haut signifie: *Que tout se passe chez vous dans la charité.* (Corinthiens, I, 16:14.) Nous devons dompter nos pensées, nos sentiments, nos actions et nos réactions. Disciplinez-vous pour que toutes vos pensées, vos idées et vos émotions soient conformes aux normes de tout ce qui est pur, beau, noble et ressemblant à Dieu. Là où règnent l'envie et le conflit, règnent aussi la confusion et le mal. Votre véritable victoire, c'est de combler votre âme de l'amour de Dieu et d'exercer votre ascendance sur vos propres pensées, idées et émotions. Ainsi vous mènerez une vie de triomphe.

7. Sze/L'armée

☷ En haut K'ouen, le réceptif, la terre

☵ En bas K'an, l'insondable, l'eau

Le jugement

Ta foi t'a sauvée; va en paix. (Luc, 7:50.) Votre foi et votre confiance en une force toute-puissante qui vous soutient vous permettra de triompher de tous vos problèmes. *Si Dieu est pour nous, qui sera contre nous?* (Romains, 8:31.) L'armée figure la multitude de pensées, d'idées, d'opinion, de convictions et d'images dans votre esprit. Rassemblez-les et apprenez-leur qu'il n'existe qu'une seule puissance — l'Esprit vivant et tout-puissant qui anime vos pensées et votre imagination. Alors, vous aurez à votre disposition une armée disciplinée. Vous êtes ici sur terre pour conduire l'armée de vos pensées vers la foi dans la paix et le bonheur.

L'image

Pour être un bon dirigeant, il faut que vous conduisiez cette légion bigarrée de votre esprit en ne voyant que la vérité, en n'entendant que la vérité, en distinguant le bien du mal, en absorbant les valeurs spirituelles de la vie et en les intégrant dans votre subconscient. Si vous persévérez à chérir les vérités éternelles et à vous en imprégner mentalement et sur le plan émotif, celles-ci se déposeront dans votre subconscient; comme la loi de votre subconscient est contraignante, vous serez contraint au succès et au triomphe.

Les traits

Six au commencement signifie: il est dit que l'ordre est la première loi du ciel. Affirmez sans réserve: "La loi et l'ordre divins gouvernent toutes mes entreprises, et tout ce à quoi j'aspire m'est donné par l'amour divin et selon l'ordre divin." Si vous imprimez à votre subconscient le concept de "la loi et de l'ordre divins", vous commencerez à vous réaliser au plus haut niveau. Vos talents se révéleront; la sérénité, la paix et l'harmonie domineront dans toutes les instances de votre vie.

Neuf à la deuxième place signifie: *Invoque-moi et Je te répondrai; Je t'annoncerai des choses grandes et cachées dont tu ne sais rien.* (Jérémie, 33:3.) Reconnaissez et acceptez Dieu comme celui qui guide et qui gouverne votre vie. Si vous aimez et exaltez la présence de Dieu en vous et si vous vous soumettez entièrement à celle-ci, vous respecterez et aimerez automatiquement le divin dans les autres; vous prospérerez et grandirez sur tous les plans.

Six à la troisième place signifie: *Laisse les morts enterrer leurs morts...* (Luc, 9:60.) Ne construisez pas de cimetières dans votre esprit. Autrement dit, ne vous complaisez pas dans le chagrin, la tristesse et la rancune. Si vous faites revivre dans vos pensées un vieux chagrin ou une vieille douleur, vous creusez une tombe dans votre esprit. Déterrer des douleurs et des chagrins, c'est la mort. Ne revenez pas sur le passé, abandonnez vos pensées négatives pour des pensées constructives en oubliant le passé. Laissez l'amour divin envahir votre esprit. En ce moment, le bien est avec vous. Votre avenir, ce sont vos pensées actuelles devenues visibles.

Six à la quatrième place signifie: *Ou encore quel est le roi qui, partant faire la guerre à un autre roi, ne commencera par s'asseoir pour examiner s'il est capable, avec dix mille hommes, de se porter à la rencontre de celui qui marche contre lui avec vingt mille? Sinon, alors que l'autre est encore loin, il lui envoie une ambassade pour demander la paix.* (Luc, 14:31-32.) Si vous ne pouvez pas vous-même faire repousser votre dent, le mieux que vous puissiez faire est d'aller chez le dentiste et de lui être reconnaissant pour ses soins. Lorsque vous êtes sérieusement malade, consultez un médecin. Si vous aviez la véritable foi, vous guéririez par vous-même. N'attendez pas que votre cas s'aggrave. Faites-vous soigner tout de suite. Ce qui adviendra dépendra de votre foi. Ne vous blâmez pas si vous ne pouvez pas maîtriser une situation. Faites ce qu'il y a de mieux à faire: acceptez-la. Lorsque vous ne voyez aucune chance de surmonter les difficultés, ne combattez pas cette situation, mais cherchez conseil et secours et priez pour que Dieu vous indique la voie à suivre. Souvenez-vous: si vous viviez toujours dans la conscience de Dieu, vous ne seriez jamais malade et vous seriez capable de résoudre tous les problèmes. Sans doute est-ce par manque de foi que vous n'avez pas encore atteint ce stade.

Si vous étiez sans argent mais que vous possédiez la foi inébranlable que Dieu subvient à tout, il serait fait selon votre foi.

Six à la cinquième place signifie: *L'aîné servira de cadet...* (Romains, 9:12.) Vous ne devez pas permettre que la peur, la colère, la haine ou la vengeance conditionnent vos actions. ''L'aîné'' signifie la pensée collective de la masse, les fausses convictions acquises par l'endoctrinement, les préjugés et les opinions des autres. Tout d'abord, vous prenez connaissance de votre corps. Plus tard, vous apprenez à connaître les valeurs spirituelles, vous entendez parler de la présence de Dieu en vous et vous vous laissez conduire par la sagesse, la vérité et la beauté. C'est pourquoi les pensées anciennes (l'aîné) seront alors supplantées par les nouvelles (le cadet), celles de l'homme spirituel animé par les valeurs véritables. Si vous ne prenez soin d'introniser l'amour de Dieu dans votre esprit et de vous laisser guider par Lui, vous échouerez. Imaginez le bien, et le bien s'ensuivra; imaginez le mal, et le mal s'ensuivra.

Six en haut signifie: *Tu es un Prince de Dieu...* (Genèse, 23:6.) Vous êtes un prince de Dieu lorsque l'intégrité, l'honnêteté et la confiance en Dieu sont maîtres dans votre coeur et dans votre esprit. Vos jugements seront fondés sur les vérités éternelles et sur les vérités de Dieu qui sont intemporelles et immuables. Dès lors, tous vos chemins vous conduiront au but.

8. Pi / La solidarité, l'union

≡ ≡ **En haut K'an, l'insondable, l'eau**

≡ ≡ **En bas K'ouen, le réceptif, la terre**

Le jugement

...si tu veux entrer dans la vie, observe les commandements. (Matthieu, 19:17.) Restez attaché fermement à l'intégrité, à l'honnêteté et à la justice. Ne déviez pas du cap qui — vous le savez dans votre for intérieur — est le bon.

L'image

Ainsi votre lumière doit-elle briller devant les hommes afin qu'ils voient vos bonnes oeuvres et glorifient votre Père qui est dans les cieux. (Matthieu, 5:16.) Si vous louez Dieu en vous-même, vous L'exaltez automatiquement dans tous les hommes qui vous entourent, contribuant ainsi à l'harmonie, à la paix et au bien-être de votre famille, de vos amis et de vos connaissances.

Les traits

Six au commencement signifie: *...n'aimons ni de mots ni de langue, mais en actes et en vérité.* (Jean, I, 3:18.) L'amour, c'est l'épanchement de votre coeur; c'est une gentillesse réelle envers tous. Si vous maintenez cette attitude, la loi de l'attraction agira en votre faveur et vous apportera avec une promptitude inattendue d'innombrables bienfaits sur tous les plans.

Six à la deuxième place signifie: *L'homme bon, de son bon trésor tire de bonnes choses.* (Matthieu, 12:35.) Si vous continuez à rayonner la bienveillance à l'égard de tous, votre succès et votre prospérité seront assurés.

Six à la troisième place signifie: *Qui laisse sa maison en désordre hérite le vent...* (Proverbes 11:29.) "La maison" représente votre esprit. Veillez à n'entretenir que des pensées d'harmonie, de paix, de joie, de santé et de bienveillance. En vous attachant à des pensées qui reposent sur les vérités éternelles, vous éviterez de vous lier avec des gens dont les critères spirituels sont contraires aux vôtres. Ne choisissez vos amis qu'en fonction de vos critères spirituels.

Six à la quatrième place signifie: *Que votre langage soit toujours aimable, relevé de sel, avec l'art de répondre à chacun comme il faut.* (Colossiens, 4:6.) Il faut goûter le sel pour en connaître le goût. Dans un langage figuré, "avoir du sel" veut dire avoir de l'ardeur, de l'enthousiasme et une joie intérieure qui rendent votre vie bien plus savoureuse et agréable. Votre attitude intérieure est contagieuse et se communique à tout votre entourage. Elle vous fait grandir dans tous les domaines de la vie.

Neuf à la cinquième place signifie: *...ce que souhaite le juste lui est donné.* (Proverbes, 10:24.) Sachez que l'action juste et agréable à Dieu travaille en votre faveur et que le succès et le bonheur vous seront assurés.

Six en haut signifie: *Que deux ou trois, en effet, soient réunis en mon nom, Je suis là au milieu d'eux.* (Matthieu, 18:20.) Pour que vos désirs et vos aspirations soient comblés, une harmonie et une entente parfaites et continuelles sont indispensables. En d'autres termes, votre conviction dominante doit être fondée sur la loi et l'ordre divins, car la confusion dans votre esprit conduirait à la perte et à l'échec.

9. Siao Tch'ou/Le pouvoir d'apprivoisement du petit

☴ **En haut Souen, le doux, le vent**

☰ **En bas K'ien, le créateur, le ciel**

Le jugement

Yahvé est mon berger; rien ne me manque. (Psaumes, 23:1.) La force de Yahvé, du Seigneur — la présence de Dieu en vous — veille sur vous, et les preuves ne vous manqueront certes pas pour pouvoir affirmer que Dieu vous guide et qu'Il subvient à tous vos besoins, ici et maintenant.

L'image

Le Seigneur, Lui, m'a assisté et m'a rempli de force... (Timothée, II, 4:17.) Continuez à vivre dans la foi et dans la confiance en Dieu, et vous progresserez, vous grandirez et vous avancerez sur tous les plans.

Les traits

Neuf au commencement signifie: *Car Yahvé Dieu... ne refuse pas le bonheur à ceux qui marchent en parfaits.* (Psaumes, 84:12.) Restez accordé à l'Infini. Vous pouvez être assuré que vous réaliserez les voeux les plus chers de votre coeur.

Neuf à la deuxième place signifie: *Mais Dieu était avec lui: Il le tira de toutes ses tribulations...* (Actes, 7:9-10.) N'essayez pas de forcer les choses. Détendez-vous et soyez confiant, car, grâce à la sagesse infinie en vous, tout sera arrangé pour le mieux et au bon moment.

Neuf à la troisième place signifie: *Et si une maison est divisée contre elle-même, cette maison-là ne pourra se maintenir.* (Marc, 3:25.) Votre "maison", c'est votre esprit. Si vous êtes habité par la confusion, la colère ou la haine, les choses ne prendront pas une bonne tournure. Calmez vos émotions. Revenez sur le chemin de l'harmonie intérieure.

Six à la quatrième place signifie: *Mais s'il reste impassible, qui le condamnera?...* (Job, 34:29.) Ne laissez pas les autres prendre du pouvoir sur vous. Nul n'a le pouvoir de vous troubler ou de vous blesser, sinon vos propres pensées. Remettez tous les pouvoirs à la présence de Dieu en vous et soyez convaincu que les choses évolueront selon l'ordre divin; alors, la peur disparaîtra de votre esprit.

Neuf à la cinquième place signifie: *...tu assureras la paix, la paix qui t'est confiée.* (Isaïe, 26:3.) Si vous exaltez

Dieu en vous, tous les gens de votre entourage seront gagnés par votre rayonnement et votre enthousiasme, et tous ensemble vous prospérerez.

Neuf en haut signifie: *Ce Dieu qui me ceint de force et rend ma voie irréprochable.* (Samuel, II, 22:33.) Tout sous le soleil a son temps. Reposez-vous et détendez-vous. Faites confiance à la sagesse infinie qui arrangera tout au bon moment et de la bonne manière.

10. Liu / La marche

En haut K'ien, le créateur, le ciel

En bas Touei, le joyeux, le lac

Le jugement

Les paroles aimables sont un rayon de miel: doux au palais, salutaire au corps. (Proverbes, 16:24.) Une réponse aimable décourage la colère. Assurément, vous ne vous fâcheriez jamais contre un bossu ou un infirme. Vous auriez pitié de lui. Bon nombre de gens sont infirmes sur le plan spirituel; ils ont un esprit tordu, rabougri, estropié. Bénissez-les et souhaitez-leur du bien, mais continuez votre chemin. La bonne fortune est avec vous.

L'image

Poursuivons donc ce qui favorise la paix et l'édification mutuelle. (Romains, 14:19.) Choisissez soigneusement vos pensées. Faites appel à vos facultés de discernement. Dans votre esprit, séparez le bon grain de l'ivraie. Saluez le divin en vous et soyez conscient que tout être humain est une particule de Dieu; alors vous connaîtrez le bien.

Les traits

Neuf au commencement signifie: ...*qui cherche Yahvé ne manque d'aucun bien*. (Psaumes, 34:11.) Reconnaissez la présence de Dieu en vous et soyez convaincu que votre harmonie intérieure sera perçue intuitivement par les autres et qu'elle suscitera partout l'amabilité et la bienveillance. Vos expériences prendront une tournure heureuse.

Neuf à la deuxième place signifie: comme Shakespeare le fit dire avec à-propos à Polonius, dans Hamlet, "envers toi sois loyal, et aussi sûrement que la nuit suit le jour, il s'ensuivra que tu ne pourras pas tromper les autres". Restez fidèle aux idéaux et aux buts de votre vie; alors, tout ce que vous entreprendrez vous réussira.

Six à la troisième place signifie: *Mal assurées, les jambes du boiteux; ainsi un proverbe dans la bouche des sots*. (Proverbes, 26:7.) *Si donc ton oeil est sain, ton corps tout entier sera lumineux*. (Matthieu, 6:22.) Cela veut dire que vous devez tourner votre attention vers la présence de Dieu en vous et mettre la puissance et la gloire de Dieu à la première place dans votre vie. Vous deviendrez alors un canal du divin, votre oeil sera sain, et votre corps tout entier sera lumineux, grâce à l'amour.

Chaque parabole a deux faces: une signification intérieure et une signification extérieure qui sont fonction l'une de l'autre. Votre monde intérieur, votre état d'esprit, vos pensées déterminent votre monde extérieur. Ne blâmez pas les autres; mais ne vous laissez pas non plus irriter par eux. Soyez conscient que votre maître, c'est votre "moi supérieur" — Dieu — et soumettez-vous à la loi de la bonté, de la vérité et de la beauté en vous; alors il ne vous arrivera aucun mal. En nourrissant la rancoeur et en permettant de vous laisser troubler sur le plan émotif, vous subirez des dommages de toutes sortes. ...*dans... le calme... et la confiance était votre force...* (Isaïe, 30:15.)

Neuf à la quatrième place signifie: vous devriez toujours veiller à ...*exceller dans la pratique du bien.* (Tite, 3:8.) Ne faites rien d'imprudent. Soyez circonspect dans toutes vos entreprises, utilisez votre bon sens. Sachez que vous pouvez tout obtenir et tout atteindre grâce à la puissance de Dieu qui vous fortifie.

Neuf à la cinquième place signifie: ...*la prudence veillera sur toi, l'intelligence te gardera.* (Proverbes, 2:11.) soyez attentif, soyez sur le qui-vive. Assurez-vous que vos décisions sont vraiment sages. Avoir de l'entendement, c'est savoir comment sortir des difficultés, c'est savoir aussi comment vivre en paix et en harmonie sur cette planète. Soyez conscient que la sagesse infinie qui vous habite vous conduit dans toutes vos entreprises et que la présence protectrice de Dieu veille sur vous en toutes circonstances.

Neuf en haut signifie: *Car par moi tes jours se multiplient et pour toi s'accroissent les années de la vie.* (Proverbes, 9:11.) Si vos pensées sont sages, vos actions le seront également. Si votre attitude est juste et si vous vivez dans l'attente du meilleur, c'est le meilleur qui vous arrivera immanquablement. Le succès et la prospérité vous sont assurés dès à présent.

11. T'ai/La paix

≡ ≡   **En haut K'ouen, le réceptif, la terre**

≡≡≡   **En bas K'ien, le créateur, le ciel**

Le jugement

Tu assureras la paix, la paix qui t'est confiée. (Isaïe, 26:3.) Lorsque, dans votre intérieur, vous êtes en paix et en accord avec l'Infini, vous trouverez la paix dans votre famille, dans vos affaires et dans tous les aspects de votre vie. Par ailleurs, vous connaîtrez des succès que vous n'auriez même pas osé rêver.

L'image

...si deux d'entre vous, sur la terre, unissent leurs voix pour demander quoi que ce soit, cela leur sera accordé par mon Père qui est aux cieux. (Matthieu, 18:19.) Si votre conscient et votre subconscient sont en accord, la force créatrice — le Père — réalisera votre désir. S'il y a entre votre conscient et votre subconscient une entente parfaite en ce qui concerne vos idéaux et vos buts, vous connaîtrez les joies de la réalisation. Vos prières seront entendues.

Les traits

Neuf au commencement signifie: *...tout ce qu'il fait réussit.* (Psaumes, 1:3.) "Réussir", cela veut dire grandir et se développer sur tous les plans — spirituel, mental et matériel. La loi de l'attraction agit en votre faveur: vous attirerez une foule de gens qui voudront vous aider et vous assister dans la réalisation de vos buts.

Neuf à la deuxième place signifie: *...mais étroite est la porte et resserré le chemin qui mène à la Vie, et il en est peu qui les trouvent.* (Matthieu, 7:14.) Seul un changement de votre attitude mentale vous permet de changer les conditions extérieures. C'est cela, la "porte étroite", la "voie royale" des anciens, la "voie moyenne" de Bouddha. Il n'y a qu'un moyen pour apporter à votre vie harmonie, paix, succès et santé: imprégner votre subconscient de pensées d'harmonie, de paix, de plénitude et de sécurité.

Ne donnez pas à d'autres et aux choses extérieures un pouvoir sur vous. Refusez de vous rallier aux fausses convictions de la masse, telles que la croyance à la puissance des étoiles et des mauvais esprits, à la prédestination, au destin. Remettez tout pouvoir à Dieu en vous, vivez dans la confiance du divin et vous triompherez sur toute la ligne.

Neuf à la troisième place signifie: comme le dit un vieux dicton, "cela aussi passera". Tout se transforme en son contraire. Vous pouvez mener une vie équilibrée et créative sans succomber aux grands cycles des hauts et des bas, si vous affirmez hardiment: "La loi et l'ordre divins régissent ma vie tout entière, et l'action juste inspirée de Dieu est la mienne à tout moment." Il vous faut une dose suffisante de variété pour rendre votre vie intéressante. Cependant, beaucoup de gens passent d'un extrême à l'autre, de la joie exubérante à la dépression la plus noire. Vous pouvez être heureux un jour de pluie aussi bien qu'un jour ensoleillé. Observez votre climat mental et spirituel. C'est lui qui conditionne toutes les expériences de votre vie. Jouissez du sentiment de satisfaction que donnent le succès et la tâche accomplie. De nouveaux succès vous seront assurés.

Six à la quatrième place signifie: *Il fallait pratiquer ceci, sans omettre cela.* (Luc, 11:42.) Lorsque vous voulez aider quelqu'un, il faut le faire judicieusement. Vous "omettez cela" si vous ne lui communiquez pas vos connaissances sur la manière d'utiliser les forces du subconscient. Dès qu'il se sera rendu compte que ces forces sont présentes en lui, il ne songera plus jamais à demander une aumône, une assiette de potage ou un vieux costume. La leçon de vie que chacun de nous devra apprendre est celle-ci: il faut voler de ses propres ailes, il faut venir soi-même à bout des problèmes et des défis auxquels on est confronté. De l'aide accordée trop promptement prive son bénéficiaire du respect de soi et l'empêche de déployer ses ressources personnelles. Mieux vaut l'initier à la connaissance des forces infinies et de la présence divine en lui. Alors, vous lui aurez transmis le savoir dont il avait besoin et vous n'aurez pas "omis cela". Aidez-le, mais veillez à ce qu'il ne se repose pas sur vous. Apprenez-lui à se reposer sur Dieu, et il ne manquera jamais de rien.

Six à la cinquième place signifie: *...ce que Dieu a uni, l'homme ne doit point le séparer.* (Matthieu, 19:6.) Dieu est amour et, lorsque l'amour unit deux coeurs, ceux-ci battent à l'unisson et en harmonie. Un mariage fondé sur d'autres raisons ne serait pas un mariage, il ne serait qu'une farce, une mascarade, un simulacre. Psychologiquement parlant, le "mariage" peut signifier également un contrat, une association ou un lien quelconque dans les affaires. Les accords de ce genre devraient toujours reposer sur la bonne volonté mutuelle et l'harmonie; ils devraient être acceptables et satisfaisants pour tous les intéressés. Toute union harmonieuse sera assurée de succès.

Six en haut signifie: *...moi je vous dis de ne pas tenir tête au méchant: au contraire, quelqu'un te donne-t-il un soufflet* *sur la joue droite, tends-lui encore l'autre.* (Matthieu, 5:39.) Voici un des secrets du succès et du bonheur dans la vie. Si, dans votre esprit, vous vous braquez contre une situation désagréable ou indésirable, vous lui accordez d'autant plus de pouvoir, et votre situation s'aggravera. Ne vous révoltez pas contre cette situation. N'offrez pas de résistance mentale. Tournez-vous vers la présence de Dieu qui agit dans votre vie et gardez à l'esprit que la loi divine de l'harmonie travaille pour vous et pour tous ceux qui vous entourent. Vous constaterez alors que le problème s'estompe et que vous êtes libéré. C'est cela, le sens véritable du commandement: *aimez vos ennemis*, qui déroute tant de gens. Une telle attitude est une excellente stratégie mentale. Essayez-la, vous gagnerez.

12. P'i / La stagnation, l'immobilité

En haut K'ien, le créateur, le ciel

En bas K'ouen, le réceptif, la terre

Le jugement

Ce que redoute le méchant lui échoit, ce que souhaite le juste lui est donné. (Proverbes, 10:24.) *...Il est, lui, le bouclier de quiconque s'abrite en lui.* (Samuel, II, 22:31.) Tenez-vous aux principes de vérité et ne permettez à qui que ce soit de vous détourner des principes de l'harmonie, de la santé et de la paix. Restez calme et tranquille et soyez confiant: tout se passera selon l'ordre divin.

L'image

Une fois que vous vous êtes fixé ces idéaux, vous devriez vous y tenir envers et contre tout, quelles que soient les colères, critiques ou invectives qu'ils peuvent provoquer. Soyez fidèle à votre ligne de conduite et à vos principes de vie fondés sur la bonté, l'intégrité et l'amour. Soyez conscient que toute action que vous estimez juste doit forcément l'être également pour tous ceux qui s'appuient sur l'action juste. Ne vous laissez ni distraire, ni détourner de votre cours par qui que ce soit, quels que soient les arguments de persuasion utilisés.

Les traits

Six au commencement signifie: *...qui se fie en Yahvé est bienheureux.* (Proverbes, 16:20.) Fiez-vous entièrement à la sagesse suprême en vous, qui est votre moi supérieur. Cette sagesse souhaite votre bien-être et votre développement spirituel. Gardez toujours à l'esprit que Dieu vous aime et qu'il prend soin de vous; que l'Esprit infini auquel vous participez veille sur vous et vous révèle le pas suivant sur le chemin de votre épanouissement. Le moment est venu pour la méditation et la prière; le bonheur et le succès ne tarderont pas.

Six à la deuxième place signifie: *Il révèle les secrets, le colporteur de médisance; avec qui a toujours la bouche ouverte, ne te lie pas!* (Proverbes, 20:19.) Ne prêtez pas attention aux dénonciateurs et aux vains flatteurs. Tenez-vous-en fermement aux valeurs spirituelles de la vie qui sont éternelles et immuables. Que votre passion soit l'apprentissage de la sagesse, alors de grandes choses enrichiront votre vie. Vous connaîtrez une paix intérieure qui dépassera toutes vos attentes.

Six à la troisième place signifie: *Car quiconque s'élève sera abaissé, et celui qui s'abaisse sera élevé.* (Luc, 14:11.) Celui qui se sert de moyens malhonnêtes et frauduleux, celui qui triche pour arriver, celui-là emploie à mauvais escient les forces de son propre subconscient, car *il s'élève* indûment. Or, comme son subconscient connaît évidemment son infériorité, sa faute, son sentiment de manque, il sera forcé de descendre de la position qu'il a acquise par des moyens irréguliers. C'est une chose bien connue dans le domaine de la politique, des affaires et des carrières: si quelqu'un essaie, par tous les moyens, d'avancer extérieurement, il ne fait que précipiter sa chute. La façon la plus efficace de préparer son avancement, c'est d'imprimer à son subconscient l'équivalent mental du succès, de l'intégrité et de l'enthousiasme; c'est alors le subconscient lui-même qui exigera l'avancement. En d'autres termes: l'homme avance grâce à l'attitude mentale qu'il a sciemment adoptée.

Neuf à la quatrième place signifie: *À la vérité, c'est un esprit dans l'homme, c'est le souffle du Tout-Puissant qui rend intelligent.* (Job, 32:8.) Dieu est la plus haute et la plus grande autorité, la plus grande sagesse. Il est l'Esprit suprême en vous. Il est omniscient et immortel. Faites appel à Lui et vous serez inspiré et amené à faire ce qui est juste. Vous progresserez, vous irez de succès en succès et vous bénirez tous ceux qui ont à faire avec vous.

Neuf à la cinquième place signifie: *Mieux vaut la sagesse que les armes...* (Ecclésiaste, 7:19.) La "sagesse", c'est la prise de conscience que l'on porte en soi la présence et la puissance de Dieu. Unissez-vous à cette présence de Dieu en vous et gardez à l'esprit que *...ceux qui espèrent en Yahvé renouvellent leur force, ils déploient leurs ailes comme des aigles, ils courent sans s'épuiser, ils marchent sans se fatiguer.* (Isaïe, 20:31.)

Soyez conscient que la force du Tout-Puissant agit pour vous et qu'il n'y rien qui puisse être opposé à son omnipotence. Avec cette attitude vous surmonterez tous les problèmes. Dans la Bible, le mot "espérer" nous invite à calmer notre esprit et à invoquer la puissance infinie, laquelle réagit et devient puissante et agissante dans notre vie. L'Infini ne peut échouer. Rien ne peut s'y opposer ni le contrecarrer. L'Infini est tout-puissant.

Neuf en haut signifie: *Arrêtez, connaissez que moi Je suis Dieu...* (Psaumes, 46:11.) Vous devriez calmer votre esprit et "connaître" que votre propre "être" est Dieu, qu'en disant "je suis", vous témoignez de la présence de Dieu en vous, cette présence de l'esprit pur, de la sagesse, du principe de vie. Le nom de Dieu est la nature de Dieu, puisque Dieu n'a pas de nom. Lorsque vous comprenez et reconnaissez que Dieu agit dans votre vie, tout changera pour vous, tout deviendra ordre et harmonie. Toutes les choses négatives disparaîtront de votre vie, et vous ferez l'expérience des nombreux bienfaits de la vie.

13. T'ong Jen / La communauté avec les hommes

En haut K'ien, le créateur, le ciel

En bas Li, ce qui s'attache, le feu

Le jugement

...car c'est Yahvé ton Dieu qui marche avec toi: Il ne te délaissera pas et ne t'abandonnera pas. (Deutéronome, 31:6.) Apprêtez-vous en toute confiance à une expérience spirituelle

plus grande, plus vaste. Passez de là où vous vous situez spirituellement, vers un nouveau lieu, une nouvelle situation, une nouvelle tâche. Dans la Bible, l'esprit de l'homme est représenté par l'eau. Vous traversez les grandes eaux lorsque vous passez de votre position spirituelle actuelle à l'acceptation mentale de ce que vous voulez devenir, faire ou avoir. Dans cette perspective, votre prière est un voyage spirituel vers la "terre promise" ou vers la réalisation de votre voeu le plus cher. S'il se fait que votre voeu coïncide avec un voyage en Grèce ou ailleurs, faites ce voyage et réjouissez-vous de la réalisation de votre rêve. Vous serez heureux.

L'image

Remets ton sort à Yahvé, compte sur Lui, Il agira. (Psaumes, 37:5.) Rayonnez à tout moment amour et bienveillance. Déterminez votre but et votre finalité, et, grâce à l'action de la loi de l'affinité, tous ceux qui contribueront à la réalisation de votre désir, seront attirés vers vous. C'est la sagesse divine qui vous guide; elle vous guidera à bon port.

Les traits

Neuf au commencement signifie: *Yahvé mène les pas de l'homme, ils sont fermes et sa marche Lui plaît.* (Psaumes, 37:23.) L'honnêteté, la sincérité, l'amabilité et la bienveillance régissent toutes vos entreprises. L'esprit de camaraderie profite à tous les concernés.

Six à la deuxième place signifie: *Celui qui aime son frère demeure dans la lumière et il n'y a en lui aucune occasion de chute.* (Jean, I, 2:10.) Il ne faut pas que vos décisions soient fondées sur la malveillance, sur les préjugés ou sur la bigoterie; au contraire vos motivations, vos décisions et vos actions doivent reposer sur la bienveillance envers tous. Sinon, vous subirez pertes et limitations.

Neuf à la troisième place signifie: *Et quand vous êtes debout en prière, si vous avez quelque chose contre quelqu'un, remettez-lui...* (Marc, 11:25.) *...remettez, et il vous sera remis.* (Luc, 6:37.) *C'est moi qui ferai justice, moi qui rétribuerai, dit le Seigneur.* (Romains, 12:19.) Vous ne pouvez pas vous permettre d'éprouver envers quelqu'un de la rancune ou de la malveillance ou de vouloir faire des règlements de compte. N'oubliez pas que c'est vous-même qui ferez les fris de telles attitudes négatives. Celles-ci saperaient tout votre enthousiasme et toute votre énergie et vous réduiraient à une épave, tant sur le plan physique que mental. Dans votre esprit, acquittez votre adversaire, souhaitez-lui du bien et continuez votre chemin. Ce que vous souhaitez à oquelqu'un d'autre, vous le souhaitez également à vous-même. Éliminez votre adversaire de votre esprit en le confiant à Dieu et en lui souhaitant tous les bienfaits de la vie. En faisant cela, vous retirez de votre esprit l'aiguillon de la rancune.

Neuf à la quatrième place signifie: *si nous nous aimons les uns les autres, Dieu demeure en nous...* (Jean, I, 4:12.) Reconnaissez la présence de Dieu dans les autres et affirmez que l'harmonie, la paix et la compréhension règnent en maîtres. Alors, la paix et le succès vous seront acquis.

Neuf à la cinquième place signifie: *Car c'est du trop-plein du coeur que la bouche parle. L'homme bon, de son bon trésor tire de bonnes choses.* (Matthieu, 12:34-35.) Lorsque deux coeurs battent comme un, il règne entre eux l'unité, l'harmonie et la compréhension. la loi de l'attraction les rapproche selon l'ordre divin, et ils accompliront de grandes choses ensemble.

Neuf en haut signifie: *...et suivez la voie de l'amour...* (Éphésiens, 5:2.) L'amour, c'est un élan du coeur, un élan de bienveillance envers les autres. Rayonnez la bienveillance et louez le divin en chaque homme que vous rencontrez. Le passé est mort. Rien ne vit hormis ce moment présent. Changez vos pensées maintenant et maintenez ce changement, car c'est ainsi que vous changerez votre destin. *Ne vous souvenez plus des événements anciens, ne pensez plus aux choses passées...* (Isaïe, 43:18.)

14. *Ta Yeou / Le grand avoir*

En haut Li, ce qui s'attache, le feu

En bas K'ien, le créateur, le ciel

Le jugement

...car Yahvé ton Dieu te bénira dans toutes tes récoltes et dans tous tes travaux, pour que tu sois pleinement joyeux. (Deutéronome, 16:15.) Quoi que vous fassiez, tout prendra une tournure magnifique et grandiose.

L'image

La bouche du juste murmure la sagesse... (Psaumes, 37:30.) La "sagesse", c'est prendre pleinement conscience de la présence et de la puissance de Dieu en vous. Donnez tous les pouvoirs à Dieu, la sagesse suprême en vous, et refusez de céder le moindre pouvoir aux pensées négatives ou aux personnes qui nourrissent des pensées négatives. N'aspirez qu'à ce qui est beau et bon.

Les traits

Neuf au commencement signifie: *Car ce n'est pas un esprit de crainte que Dieu nous a donné, mais un esprit de force, d'amour et de maîtrise de soi.* (Timothée, II, 1:7.) La crainte, c'est le signe de manque de foi en Dieu. la crainte, c'est la foi en ce qui est faux. Évitez de vous abandonner à toute forme de pensée négative. Remplacez aussitôt les pensées négatives par la foi en Dieu et en toutes bonnes choses.

Neuf à la deuxième place signifie: *Décharge sur Yahvé ton fardeau et Lui te subviendra...* (Psaumes, 55: 23.) Cherchez le roc de la force en vous. Dieu est en vous; vous vous rendrez compte que vous êtes fort, dès que vous aurez conscience de sa présence en vous. Son pouvoir infini agit sans cesse en vous et en ceux qui sont en relation avec vous; grâce à ce pouvoir, vous êtes en mesure de surmonter tous les obstacles en vue de l'accomplissement de vos objectifs.

Neuf à la troisième place signifie: *... tenus ...pour gens qui n'ont rien, nous qui possédons tout.* (Corinthiens, II, 6: 10.) Dieu possède tout. Vous êtes l'intendant du divin et vous devriez faire un usage intelligent, judicieux et constructif des talents et des dons que vous avez reçus. Reconnaissez Dieu comme l'origine de vos ressources et donnez tout honneur et toute gloire à cette source de tous les bienfaits. L'homme "riche" auquel il est fait allusion au chapitre 10 de l'Évangile selon saint Marc était un homme "riche" en opinions préconçues, en fausses croyances au sujet de Dieu, de la vie et de l'univers. Son esprit était encombré de fausses opinions sur la maladie; il était affligé de manques et de limitations de toutes sortes. Dépouillez-vous des fausses croyances et des faux dogmes, et croyez *...en Dieu qui nous pourvoit largement de tout, afin que nous en jouissions.* (Timothée, I, 6: 7.)

Neuf à la quatrième place signifie: *Que tout se passe chez vous dans la charité.* (Corinthiens, I, 16: 14.) *... la charité... n'est pas envieuse.* (Corinthiens, I, 13: 4.) Souhaitez le bonheur et le succès à tout le monde. Vous êtes unique au monde; il n'y a personne au monde comme vous, car Dieu ne se répète jamais. Reconnaissez que Dieu est l'origine de toutes choses, que vous pouvez puiser autant que vous voulez dans cette énorme richesse qui est en vous; votre subconscient réagira en conséquence. Cependant, cette richesse ne vous sera donnée que dans la mesure où vous en avez pris conscience. Il faut que vous possédiez l'équivalent mental de ce que vous désirez obtenir.

Six à la cinquième place signifie: *...par la charité mettez-vous au service les uns des autres.* (Galates, 5: 13.) Si vous servez les autres par la charité, vous vous servez aussi vous-même et vous en aurez tous les avantages.

Neuf en haut signifie: *Ne t'en écarte ni à droite, ni à gauche, afin de réussir dans toutes les démarches.* (Josué, 1: 7.) Cela veut dire que vous ne devez céder du pouvoir ni au monde objectif ("à droite"), ni aux fausses croyances ("à gauche"), mais que vous devez attribuer tout pouvoir au divin qui vous habite et être conscient que l'esprit vivant agit pour vous; ainsi vous connaîtrez de nombreux bienfaits, et tout ce que vous entreprendrez réussira.

15. K'ien/L'humilité

☰☰ **En haut K'ouen, le réceptif, la terre**

☰☰ **En bas Ken, l'immobilisation, la montagne**

Le jugement

...revêtez des sentiments... d'humilité (Colossiens, 3: 12.) *...qui est humble d'esprit obtiendra de l'honneur.* (Proverbes, 29: 23.) Avoir de l'humilité signifie que l'on est perméable, ouvert et réceptif aux vérités de Dieu. La croissance, l'épanouissement et l'accomplissement en seront des conséquences naturelles. Les grands hommes de ce monde sont humbles. L'humilité authentique place la vérité par-dessus tout et elle est toujours prête à l'accepter. Votre humilité sera récompensée par des richesses matérielles et spirituelles, par l'honneur et par une vie plus abondante.

L'image

Heureux les doux, car ils posséderont la terre. (Matthieu, 5: 4.) La "terre" signifie votre corps et toutes les manifestations de votre vie, telles que vos affaires, votre foyer, votre profession, vos expériences. Tout cela sont des expressions de votre attitude mentale. Dans le sens biblique, le mot "doux" désigne ceux qui donnent tout pouvoir et toute gloire à Dieu, ceux qui sont conscients que la volonté de Dieu est quelque chose de merveilleux, de réjouissant et de fascinant pour tous les hommes, quelque chose qui dépasse nos rêves les plus audacieux. Là réside le secret de la santé, du bonheur et de la plénitude.

Les traits

Six au commencement signifie: *À l'homme de bon sens, le sentier de la vie, qui mène en haut...* (Proverbes, 15: 24.) *Celui-ci dit: Levons le camp et partons, je marcherai en tête.* (Genèse, 33: 12.) Prenez une décision, "voyagez" de l'endroit où vous vous trouvez spirituellement vers le point que vous désirez atteindre dans la vie. Chérissez cette décision, fortifiez-la par la foi et la confiance, et elle deviendra réalité. Ainsi vous traversez les grandes eaux de votre esprit, et tout voyage extérieur sur l'eau ou sur la terre vous rendra heureux.

Six à la deuxième place signifie: *Yahvé opéra une grande victoire.* (Samuel, II, 23: 12.) Dieu est en vous; votre subconscient exprime à présent ce dont vous l'avez imprégné. Vous grandissez sur les plans spirituel, mental et matériel. Le succès et la victoire vous sont assurés.

Neuf à la troisième place signifie: *Toutes tes entreprises réussiront...* (Job, 22: 28.) Laissez-vous porter par la conviction que tout le bien vous est acquis. Le voeu de votre coeur se réalisera.

Six à la quatrième place signifie: *...car tout homme devra porter sa charge personnelle.* (Galates, 6: 5.) Vous devez assumer votre part de responsabilité en vous attelant à la tâche. Comptez sur vous-même, faites face à vos problèmes et vous réussirez par la grâce de Dieu. Votre but en ce monde est de contribuer à la paix et au bonheur de l'humanité dont vous faites partie, dans la mesure de vos talents.

Six à la cinquième place signifie: *Ne te laisse pas vaincre par le mal, sois vainqueur du mal par le bien.* (Romains, 12: 21.) Ne permettez pas que des pensées négatives dominent votre esprit. Effacez de telles pensées par des pensées positives et par l'amour divin. Cherchez la présence de Dieu dans ceux qui vous entourent et, si vous leur trouvez des fautes, imaginez-vous qu'ils possèdent les vertus correspondantes. Si vous vous attardez sur les fautes des autres, vous risquez de les intégrer dans votre propre pensée. Louez Dieu, et tout ce que vous faites profitera non seulement à vous-même, mais aussi à d'innombrables autres personnes.

Six en haut signifie: *N'accordez rien à l'esprit de parti, rien à la vaine gloire, ...ne recherchez pas chacun vos propres intérêts, mais plutôt que chacun songe à ceux des autres.* (Philipiens, 2: 3-4.) L'homme vaniteux sera toujours humilié. La modestie c'est l'absence de vanité, de vantardise et de fanfaronnade. C'est la simplicité et la modération dans toutes choses qui caractérisent l'homme modeste. Celui-ci apprécie la décence dans le comportement et dans la façon de parler. Il fait preuve d'humilité, il fait tout pour la gloire de Dieu. Disciplinez vos pensées et vos sentiments et, lorsque ceux-ci tendent à divaguer, rappelez-vous la présence de Dieu en vous. Toutes vos entreprises seront alors couronnées de succès.

16. Yu/L'enthousiasme

≡ ≡ **En haut Tchen, l'éveilleur, le tonnerre**

≡ ≡ **En bas K'ouen, le réceptif, la terre**

Le jugement

Tu auras joie et allégresse... (Luc, 1: 14.) Lorsque vous êtes animé par un enthousiasme débordant ou par un intérêt dévorant pour une cause ou une personne, lorsque votre idée vous embrase de joie, alors vous ne pouvez que réussir. Votre enthousiasme se communiquera aussi aux autres, car l'enthousiasme est contagieux.

L'image

Ainsi votre lumière doit-elle briller devant les hommes afin qu'ils voient vos bonnes oeuvres et glorifient votre Père qui est dans les cieux. (Matthieu, 5: 16.) Vous glorifiez Dieu, le "père" de tous, si vous devenez un canal du divin, en vous laissant pénétrer par le courant de sa sagesse, de son amour, de son harmonie et de son abondance. "Glorifier" veut dire: se dédier à Dieu. Dès lors que vous dédiez tout votre travail à Dieu, vous serez conduit par la sagesse divine. En agissant ainsi, vous constaterez que tous vos chemins mèneront au but.

Les traits

Six au commencement signifie: *Car c'est bien par la grâce que vous êtes sauvés, moyennant la foi. Ce salut... ne vient pas des oeuvres, car nul ne doit pouvoir se glorifier.* (Éphésiens, 2: 8-9.) La loi de votre subconscient est juste et équitable. La grâce est la réaction de votre subconscient à vos pensées et à vos idées habituelles. Vos expériences, votre position dans la vie, votre prospérité et votre situation sont une reproduction mathématiquement exacte de votre foi et de vos convictions profondes. Ne vous vantez pas. Vous êtes ce que vous vous imaginez être: il ne sert à rien de vouloir prétendre être quelque chose que vous ne ressentez pas dans votre coeur comme réel et vrai. Tendez vers une vision plus élevée de vous-même et soyez convaincu qu'avec l'aide de Dieu vous y parviendrez. Vous allez toujours dans le sens de votre vision intérieure. L'homme est l'expression de ses convictions, de sa foi. Votre foi doit nécessairement se manifester dans votre vie. S'il en est autrement, vous manquez de foi véritable.

Six à la deuxième place signifie: *La pluie est tombée, les torrents sont venus, les vents ont soufflé et se sont déchaînés contre cette maison, et elle n'a pas croulé: c'est qu'elle avait été fondée sur le roc.* (Matthieu, 7: 25.) Le "roc" désigne ce qui est impénétrable, invisible et inaccessible aux forces extérieures. La "maison" est votre esprit, où habitent vos pensées, vos sentiments et vos convictions. Vous avez la foi absolue dans le pouvoir de Dieu qui est suprême et tout-puissant et, grâce à cette foi, personne ne peut vous faire douter ou vous faire dévier de votre but. La foi est la confiance dans le divin qui réagit à travers votre subconscient. Le succès vous est assuré.

Six à la troisième place signifie: ... *homme à l'âme partagée, inconstant dans toutes ses voies.* (Jacques, 1: 8.) Vous devez être prêt à saisir l'occasion qui se présente. Lorsqu'un projet vous semble bon, mettez-vous à l'oeuvre. Déclarez que le projet est bon et dites-vous que vous le réaliserez avec l'aide de Dieu. Lorsque vous hésitez, lorsque "votre âme est partagée", vous mettez en danger la réussite. Soyez confiant: Dieu vous guide dans toutes vos entreprises.

Neuf à la quatrième place signifie: *Invoque-moi et Je te répondrai; Je t'annoncerai des choses grandes et cachées dont tu ne sais rien.* (Jérémie, 33: 3.) Si vous continuez à vous tourner vers Dieu, source intérieure de tous les bienfaits, sachant qu'il vous guide et vous fait prospérer à tous égards, vous découvrirez que de nouvelles idées créatrices surgiront des profondeurs de votre subconscient et que vous serez en mesure de réaliser ces nouvelles idées.

Six à la cinquième place signifie: *C'est l'esprit de Dieu qui m'a fait, le souffle du Tout-Puissant qui m'anima.* (Job, 33: 4.) Dieu est la vie, le principe de vie qui nous anime tous. Affirmez avec une sincère conviction intérieure: "J'inspire la paix de Dieu, et j'expire l'amour de Dieu envers tous, car je sais que l'amour est l'accomplissement suprême qui me procure la santé, le bonheur, la paix et la plénitude." Dieu est en vous et il vous guérit à présent *...car Je suis Yahvé, celui qui te guérit.* (Exode, 15: 26.)

Six en haut signifie: *Souviens-toi de Yahvé ton dieu: c'est Lui qui t'a donné cette force, pour agir avec puissance...* (Deutéronome, 8: 18.) Quoi que vous fassiez, faites-le avec Dieu. Maîtrisez-vous, contrôlez vos humeurs, et restez toujours en équilibre. Il vous faut juste assez de variété pour que votre vie soit intéressante. Soyez convaincu que la loi et l'ordre divins vous guident à tout moment; ainsi vous ne risquez pas d'aller trop loin dans aucune direction. Le courant de la paix divine vous anime, et tout sera pour le mieux.

17. Souei/La suite

En haut Touei, le joyeux lac

En bas Tchen, l'éveilleur, le tonnerre

Le jugement

...mais celui qui aura tenu bon jusqu'au bout, celui-là sera sauvé. (Marc, 13:13.) Le mot "sauvé" signifie la solution de vos problèmes. Si vous persistez à penser et à sentir correctement, votre subconscient vous donnera la solution. La persévérance, la ténacité et la détermination dans la poursuite de ce qui est bien et bénéfique pour vous autant que pour les autres en assureront inévitablement la réalisation.

L'image

Yahvé sans cesse te conduira... (Isaïe, 58:11.) Ménagez dans vos activités quotidiennes un temps pour communier avec Dieu qui est en vous et demandez-lui de vous donner conseil, force et sagesse pour toutes vos décisions et toutes vos actions: alors, toutes vos entreprises seront bénies. Rechargez régulièrement et systématiquement vos batteries mentales et spirituelles.

Les traits

Neuf au commencement signifie: *Yahvé mène les pas de l'homme, ils sont fermes et sa marche Lui plaît.* (Psaumes, 37:23.) Soyez conscient que l'action juste est agréable à Dieu, rayonnez autour de vous la bienveillance, émettez des vibrations positives et vous trouverez l'aide et la collaboration qui vous sont nécessaires pour réaliser vos objectifs.

Six à la deuxième place signifie: *Je suis Yahvé ton Dieu, Je t'instruis pour ton bien, Je te conduis par le chemin où tu marches.* (Isaïe, 48:17.) Dans vos affaires ou dans votre vie professionnelle, tâchez que toutes les personnes que vous coudoyez soient des maillons spirituels dans la chaîne de votre croissance, de votre bien-être et de votre prospérité. Vous devriez choisir tous vos collaborateurs, partenaires et collègues en fonction de critères spirituels: optez pour ceux qui respectent les vérités divines. Dans votre vie, mettez Dieu à la première place, glorifiez-le à tout instant, et vos actions seront tout naturellement justes.

Six à la troisième place signifie: *...le sentier des hommes droits est une grand-route.* (Proverbes, 15:19.) Pensez, sentez, agissez et comportez-vous justement. Pensez, parlez, agissez du point de vue du principe infini de l'harmonie en vous. Pour réussir dans la vie, vous devez savoir sacrifier le moindre pour obtenir le plus grand. Vous êtes dans ce monde pour croître, pour évoluer, pour transcender les problèmes de la vie. En visant toujours le plus haut et le meilleur dans vos pensées, vous n'expérimenterez forcément que le meilleur.

Neuf à la quatrième place signifie: *Tes oreilles entendront une parole prononcée derrière toi: "Telle est la voie, suivez-la...*'' (Isaïe, 30:21.) Adhérez à ce que vous avez reconnu être vrai. Gardez votre égalité d'humeur ainsi que la certitude que la présence de l'Infini agit en votre faveur. Votre motivation doit être bénéfique pour tous.

Neuf à la cinquième place signifie: *Ce Dieu qui... rend ma voie irréprochable.* (Samuel, II, 22:33.) Maintenez la conviction que Dieu vous guide et, en pleine confiance, attendez le meilleur. Votre récolte sera alors abondante.

Six en haut signifie: *Ce Dieu qui me ceint de force et rend ma voie irréprochable.* (Samuel, II, 22:33.) Ce n'est qu'auprès de personnes respectueuses de Dieu, qui façonne notre vie, que vous devriez chercher de l'aide spirituelle et de l'assistance de toute sorte . Dans la mesure où vous les guidez, les autres vous suivront.

18. Kou / Le travail sur ce qui est corrompu

≡ ≡   **En haut Ken, l'immobilisation, la montagne**

≡ ≡   **En bas Souen, le doux, le vent**

Le jugement

Pierre... se mit à marcher sur les eaux et vint vers Jésus. (Matthieu, 14:29.) Jésus, tel qu'il nous est présenté dans la Bible, est notre recours dans l'adversité, celui qui nous sauve dans une situation difficile. Si vous souffriez de faim, c'est le pain qui serait votre salut; si vous aviez soif, l'eau serait votre salut; si vous étiez emprisonné, la liberté serait votre salut; et, si vous étiez malade, la santé serait votre salut. Comment allez-vous vers Jésus ''sur les eaux''? Symboliquement, les eaux représentent votre esprit. Ouvrez votre esprit pour accéder à un plus grand épanouissement. Cherchez une nouvelle demeure spirituelle. Autrement dit, prenez une nouvelle décision et mettez-y toute votre foi. Si cela implique un voyage extérieur, faites-le. L'intérieur conditionne l'extérieur. Ce que vous entreprenez avec foi et confiance finira bien à tous les points de vue.

L'image

...*en toutes tes démarches, reconnais-Le, et Il aplanira tes sentiers.* (Proverbes, 3:6.) Lorsque vous affirmez une vérité telle que celle qui précède, sachant que c'est Dieu qui agit dans votre vie, vous serez élevé et inspiré, et tous les obstacles disparaîtront.

Les traits

Six au commencement signifie: ...*et je relèverai les ruines...* (Isaïe, 44:26.) Rien ne dure éternellement. Tout change. Le passé est mort. Rien n'importe, sauf le moment présent. Changez ce moment et vous changerez votre destin. Il n'y a pas lieu de se désoler des erreurs commises dans le passé. L'avenir est la manifestation de votre pensée actuelle. Vous ferez une ample moisson si vous semez maintenant des pensées agréables à Dieu dans le jardin de votre esprit.

Neuf à la deuxième place signifie: ...*le voici maintenant le jour du salut.* (Corinthiens, II, 6:2.) Vivez dans le présent. Employez-vous à préparer judicieusement l'avenir et laissez le passé tranquille. Le "salut" veut dire qu'en ce moment Dieu vous donne la réponse, la solution. Il serait insensé de gaspiller votre énergie en remuant le passé qui est mort. Imaginez le bien, et le bien s'ensuivra. Tâchez de voir

Dieu dans tous ceux qui vous entourent, souhaitez-leur santé, bonheur et paix et vous connaîtrez le bien.

Neuf à la troisième place signifie: *En effet, quiconque invoquera le nom du Seigneur sera sauvé.* (Romains, 10:13.) Vérifiez vos pensées et vos convictions et assurez-vous que celles-ci sont en accord avec les vérités éternelles. Dans l'esprit, il n'y a ni temps, ni espace. Dès le moment où vous nourrissez des pensées constructives, un changement surviendra automatiquement dans votre subconscient. Les erreurs et les fautes du passé seront effacées, de même que, dans un laboratoire chimique, les erreurs sont effacées dès que l'on commence à appliquer correctement les principes de la chimie. Oubliez le passé et ne blâmez personne. C'est vous qui façonnez votre destin par vos pensées et vos sentiments.

Six à la quatrième place signifie: *Ne vous souvenez plus des événements anciens, ne pensez plus aux choses passées.* (Isaïe, 43:18.) N'acceptez jamais de fausses convictions ou des croyances dépassées qui sont illogiques, déraisonnables et dépourvues de fondements scientifiques. Acceptez des idées et des vérités qui vous guérissent, qui vous inspirent, qui vous élèvent. Ressasser le passé, vous complaire dans les fausses croyances et les superstitions du passé ne vous apporteront que dommages et pertes.

Six à la cinquième place signifie: *...qui cherche Yahvé ne manque d'aucun bien.* (Psaumes, 34:11.) Affirmez cette vérité que tout le bien vous est acquis et vous en aurez la confirmation dans toutes vos affaires. Vous serez guidé dans tous les domaines. La sagesse infinie de votre subconscient attirera à vous tous ceux qui pourront vous aider à réaliser vos aspirations et vos rêves.

Neuf en haut signifie: *...c'est un esprit dans l'homme, c'est le souffle du Tout-Puissant qui rend intelligent.* (Job,

32:8.) Lorsque vous êtes inspiré par le souffle de Dieu, vous trouverez votre expression véritable dans la vie et vous serez capable de faire ce que vous aimez faire. Tout ce que vous direz, entreprendrez ou ferez ne pourra qu'être bénéfique à l'humanité, à tous égards.

19. Lin / L'approche

≡ ≡   **En haut K'ouen, le réceptif, la terre**

≡ ≡   **En bas Touei, le joyeux, le lac**

Le jugement

Il m'appelle et Je lui réponds: ''Je suis près de lui dans la détresse, Je le délivre et Je le glorifie...'' (Psaumes, 91:15.) *J'invoque Yahvé, digne de louange et je suis sauvé de mes ennemis.* (Psaumes, 18:4.) En restant au diapason de l'Infini, vous avancerez, vous progresserez sur tous les plans. Lorsque vous faites appel à la sagesse infinie, celle-ci vous répondra selon la nature de votre demande. Ne permettez pas aux peurs, aux soucis et à la rancune de s'installer dans votre esprit, car ces sentiments négatifs n'apportent que pertes et dommages. Nourrissez votre esprit des concepts de l'amour, de la foi et de la confiance et vous effacerez tous les concepts négatifs. Un bateau ne peut sombrer dans la mer déchaînée tant que l'eau ne pénètre pas à l'intérieur de la coque. De même, vous ne pouvez pas être atteint par les pensées et les actions négatives des autres, aussi longtemps que vous refusez de laisser pénétrer ces influences négatives dans votre esprit. Exterminez-les et misez sur l'amour.

L'image

En retour mon Dieu comblera tous vos besoins, selon sa richesse, avec magnificence... (Philipiens, 4:19.) Toute l'énergie, toute la vitalité, toute la sagesse et toute la force dont vous avez besoin vous seront données gratuitement et en abondance. Dieu est votre source d'approvisionnement et votre soutien instantané et inépuisable; plus vous donnez de sagesse, plus vous en recevrez. Vous ne pourrez jamais épuiser le trésor infini de votre âme.

Les traits

Neuf au commencement signifie: *Et tout ce que vous demanderez dans une prière pleine de foi, vous l'obtiendrez.* (Matthieu, 21:22.) Acceptez cette grande vérité que tout le bien se déploie pour vous, et que ce bien deviendra votre possession visible.

Neuf à la deuxième place signifie: *À qui Lui plaît, Il donne sagesse, savoir et joie...* (Ecclésiaste, 2:26.) Rien ne vous émeut, rien ne vous trouble, rien ne vous désole, car vous savez que "cela aussi, passera". Tout passe, hormis Dieu, et Dieu seul suffit. Dieu vous donne la sagesse, la force et les idées créatrices dont vous avez besoin pour réaliser vos projets. Tout ce que vous entreprendrez réussira.

Six à la troisième place signifie: *Ayez... à coeur d'exceller dans la pratique du bien.* (Tite, 3:8.) Si vous êtes négligent dans votre esprit et si vous vous laissez envahir par des sentiments négatifs, vous ne ferez rien de bon. Vous ne pouvez vous permettre d'être négligent et indifférent. Armez-vous par la prière et bannissez de votre esprit la crainte, les tracas et l'anxiété. Changez vos pensées une fois pour toutes.

Six à la quatrième place signifie: *...qui donc en effet aurait le coeur de s'approcher de moi? dit le Seigneur.*

(Jérémie, 30:21.) Votre coeur est le siège des sentiments et de l'amour. Si vous vous tournez avec toute votre foi et toute votre confiance vers la présence de Dieu en vous, tout ce que vous ferez réussira.

Six à la cinquième place signifie: *Yahvé aura tout fait pour moi...* (Psaumes, 138:8.) Grâce à votre appréciation et à votre reconnaissance de la puissance de Dieu qui agit en vous, tout se passera selon l'ordre divin.

Six en haut signifie: *Oui, grâce et bonheur me pressent tous les jours de ma vie; ma demeure est la maison de Yahvé en la longueur des jours.* (Psaumes, 23:6.) Animé par votre union avec Dieu et avec tous les hommes, vous rayonnez autour de vous des sentiments d'amour et de bienveillance, et tous ceux qui sont en contact avec vous seront également bénis, parce que vous avez choisi cette voie.

20. *Kouan / La contemplation (la vue)*

En haut Souen, le doux, le vent

En bas K'ouen, le réceptif, la terre

Le jugement

Invoque-moi et Je te répondrai; Je t'annoncerai des choses grandes et cachées dont tu ne sais rien. (Jérémie, 33:3.) L'homme est ce qu'il s'imagine être. Tout ce que vous pouvez imaginer ou envisager prend forme et trouve son expression dans votre vie. Faire un sacrifice, dans le sens biblique, c'est renoncer au moindre pour obtenir le plus grand; c'est substituer une pensée constructive à une pensée négative. En reconnaissant la supériorité de l'Esprit qui est en vous et en lui demandant de vous indiquer la bonne ligne de conduite, la réponse vous sera donnée selon l'ordre divin.

L'image

En toutes tes démarches, reconnais-Le et Il aplanira tes sentiers. (Proverbes, 3:6.) Si vous êtes conscient de cette vérité que Dieu est prêt à vous aider à tout moment, qu'il vous inspire et vous guide pour dire et faire ce qui est juste, vous découvrirez qu'en toutes circonstances vous faites et dites ce qui convient.

Les traits

Six au commencement signifie: *Si quelqu'un s'imagine être religieux sans mettre un frein à sa langue et trompe son propre coeur, sa religion est vaine.* (Jacques, 1:26.) Vous devez reconnaître qu'il existe des principes et des vérités qui ne changent pas, qui sont les mêmes aujourd'hui qu'hier et qui seront encore les mêmes demain. La sincérité et l'honnêteté dans vos convictions religieuses sont essentielles; il faut que celles-ci soient en accord avec les vérités de la vie. La foi que vous affirmez, vous devez la ressentir comme vraie dans votre coeur. Affirmer les vérités éternelles en paroles, sans y croire, n'a pas de sens.

Six à la deuxième place signifie: *Si donc ton oeil est sain, ton corps tout entier sera lumineux.* (Matthieu,6:22.) Tout ce à quoi vous accordez suffisamment d'attention se concrétisera dans vos expériences. Évitez d'adopter des vues trop étroites et mesquines. Lorsque vous gaspillez votre attention à des situations et à des circonstances extérieures qui ne cessent de changer, vous allez forcément vous limiter et freiner votre développement. Dirigez votre attention vers Dieu et accordez à sa sagesse et à sa puissance la première place dans votre vie. Alors votre oeil sera "sain" et toutes vos entreprises seront bénies.

Six à la troisième place signifie: *Tu m'apprendras le chemin de vie...* (Psaumes, 16:11.) Affirmez et soyez convaincu que la sagesse infinie de votre subconscient vous révélera la prochaine démarche vers votre épanouissement; suivez l'orientation qui se manifeste clairement à votre conscience. Une action juste et agréable à Dieu en sera la conséquence.

Six à la quatrième place signifie: *...le Royaume des Cieux est tout proche.* (Matthieu, 3:2.) Le royaume de la sagesse infinie et des forces divines se trouve en vous-même. Sachant cela, devenez le roi de votre monde conceptuel. Pensez, sentez, agissez et comportez-vous correctement. Vous avez le contrôle absolu de vos pensées, de votre imagination, de vos émotions, de vos actions et de vos réactions. Conformez-vous en tout à la loi divine de l'harmonie. En tant que roi de votre esprit faites usage de vos prérogatives.

Neuf à la cinquième place signifie: *À l'homme de bon sens, le sentier de la vie, qui mène en haut...* (Proverbes, 15:24.) Vous êtes dans ce monde pour exprimer de plus en plus d'amour, de vérité et de beauté. Votre motivation à l'égard des autres est telle que vous les bénissez et que vous leur souhaitez tout le bien.

Neuf en haut signifie: *Heureux les coeurs purs, car ils verront Dieu.* (Matthieu, 5:8.) La "pureté", dans le sens biblique, veut dire que vous regardez et reconnaissez Dieu seul comme l'unique cause réelle et comme l'unique puissance réelle. Puisque, dans votre vie, vous demeurez dans l'amour et dans l'harmonie de Dieu, vous verrez que toutes les maladies et tous les ennuis vous seront épargnés et vous serez en mesure de transmettre aux autres la sagesse et la bienveillance.

21. Che Ho/Mordre au travers

≡ ≡   En haut Li, ce qui s'attache, le feu

≡ ≡   En bas Tchen, l'éveilleur, le tonnerre

Le jugement

Que le livre de cette Loi soit toujours sur tes lèvres... C'est alors que tu seras heureux dans tes entreprises et réussiras. (Josué, 1:8.) En considérant tout le bien qui est le vôtre, vous savez aussi que le Tout-puissant vous soutient et que tous les obstacles seront surmontés. Sachez que tout se passera pour vous selon l'ordre divin.

L'image

Ainsi par le le Seigneur Yahvé:...Cessez vos violences et vos rapines, pratiquez le droit et la justice... (Ézéchiel, 45:9.) Chacune de vos actions doit être fondée sur la justesse et sur la justice. Pour ce qui est juste et correct, ne tolérez aucun compromis. La décision que vous prenez, le jugement que vous portez doivent reposer sur la loi universelle de l'harmonie et de la bienveillance envers tous les hommes.

Les traits

Neuf au commencement signifie: *Et si ton pied est pour toi une occasion de péché, coupe-le.* (Marc, 9:45.) Dans la Bible, le mot "pied" symbolise la compréhension. Quelle compréhension avez-vous de la vie? Vous devez respecter les lois de la vie qui ne changent jamais. Vous devez vivre selon les principes éternels de l'harmonie, de l'amour, de l'action juste et de la paix. Ne vous écartez jamais de la vérité. Détachez-vous de toute autre motivation et ne permettez à personne de vous exploiter.

Six à la deuxième place signifie: *...elles ont un nez et ne sentent pas.* (Psaumes, 115:6.) "Sentir", dans le sens biblique, veut dire utiliser son sens de discernement, savoir séparer le bon grain de l'ivraie, savoir distinguer le bien du mal et se rallier à tout ce qui est beau et bon. Défendez fermement ce que vous savez être bon et juste.

Six à la troisième place signifie: *Ma nourriture est de faire la volonté de celui qui m'a envoyé.* (Jean, 4:34.) Le mot "nourriture" désigne les qualités, pouvoirs et attributs de Dieu. Méditez le courage, la foi, la confiance, la joie, l'amour et la bienveillance — c'est cela, la nourriture du ciel. Si vous vous nourrissez de malveillance et d'amertume, sachez que ces sentiments nuisent à votre organisme tout entier, tel un poison. Méfiez-vous de tous les poisons de l'esprit et exaltez Dieu en vous.

Neuf à la quatrième place signifie: *J'ai à manger un aliment que vous ne connaissez pas.* (Jean, 4:32.) Cet "aliment" est toujours à votre disposition. Soyez conscient et convaincu que la force toute-puissante de Dieu vous "alimente" et vous soutient. Vous serez inspiré et guidé à tous les égards.

Six à la cinquième place signifie: *Les parfaits, eux, ont la nourriture solide, ceux qui, par habitude, ont le sens moral exercé au discernement du bien et du mal.* (Hébreux, 5:14.) Il faut que vous accédiez à une maturité émotionnelle et spirituelle. Ne cédez jamais à ce qui est faux ou injuste. Soyez fidèle à la vérité et comprenez que toute action qui est juste pour vous l'est aussi pour tous les autres.

Neuf en haut signifie: ...*et détourneront l'oreille de la vérité*... (Timothée, II, 4:4.) Chaque fois que vous refusez d'écouter les vérités de l'existence et que vous voulez n'en faire qu'à votre tête, vous irez au-devant d'ennuis, d'échecs et de dommages.

22. Pi/La grâce

≡ ≡   **En haut Ken, l'immobilisation, la montagne**

≡ ≡   **En bas Li, ce qui s'attache, le feu**

Le jugement
Car c'est bien par la grâce que vous êtes sauvés, moyennant la foi. (Éphésiens, 2:8.) La grâce est la réponse mathématiquement exacte de la sagesse infinie de votre subconscient à ce que vous avez l'habitude de penser et d'imaginer. Lorsque vous faites appel à cette sagesse, vous mobilisez les forces nécessaires à la réalisation de votre demande.

L'image
Avançons-nous donc avec assurance vers le trône de la grâce afin de... trouver grâce, pour une aide opportune. (Hébreux, 4:16.) Priez Dieu qui est en vous pour qu'il vous inspire et qu'il vous guide. Alors, toutes vos décisions seront bonnes.

Les traits
Neuf au commencement signifie: *À vous grâce et paix par Dieu...* (Corinthiens, 1:2.) La grâce désigne cet état où

l'Esprit de Dieu agit en vous pour vous guider et pour vous fortifier. Suivez la voie divine; l'amour divin vous précédera pour que votre chemin soit droit et joyeux.

Six à la deuxième place signifie: *Que votre langage soit toujours aimable et relevé de sel, avec l'art de répondre à chacun comme il faut.* (Colossiens, 4:6.) Vos pensées, vos paroles, vos actions doivent être conformes à la Règle d'or et à la loi de l'amour. Il y a du "sel" dans votre discours lorsque vous dites la vérité avec ferveur et enthousiasme. Le sel assaisonne les mets et leur donne plus de goût; il en va de même pour vos paroles: lorsque celles-ci encouragent, enthousiasment et éclairent les autres, vous donnez de la saveur à ce que vous dites et à ce que vous faites.

Neuf à la troisième place signifie: *...veillant à ce que personne ne soit privé de la grâce de Dieu...* (Hébreux, 12:15.) Soyez assidu et attentif. Laissez-vous guider par l'Esprit de Dieu, alors vous progresserez et la victoire vous est assurée.

Six à la quatrième place signifie: *...Lui qui nous a donné d'avoir accès par la foi à cette grâce...* (Romains, 5:2.) Votre foi vous fait croire à la bonté de Dieu, au pouvoir de Dieu, et à tout ce qui est bon. La présence de Dieu en vous répond à votre désir, et c'est ainsi que vos projets se réalisent.

Six à la cinquième place signific: *Ainsi parle Yahvé: (le peuple) a trouvé grâce au désert...* (Jérémie, 31:2.) Où que vous vous trouviez, vous pouvez faire surgir ce cadeau de Dieu qui est en vous et vous rendre compte que la présence de Dieu vous guide et vous gouverne. Dieu qui nous a tous créés ne fait pas de différence entre le petit et le grand. L'amour dans votre coeur suscitera de l'amour partout. L'amour vainc tout. Un grand succès vous est assuré.

Neuf en haut signifie: *...Il donne grâce et gloire; Yahvé ne refuse pas le bonheur à ceux qui marchent en parfaits.*

(Psaumes, 84:12.) Dieu vous envoie à présent le courant de sa grâce; il remplit tous les vaisseaux de votre vie. L'amour de Dieu envahit vos pensées, vos paroles et vos actions. Tout le bien est à vous.

23. Po/L'éclatement

En haut Ken, l'immobilisation, la montagne

En bas K'ouen, le réceptif, la terre

Le jugement

Tout royaume divisé contre lui-même est dévasté et, maison sur maison, s'écroule. (Luc, 11:17.) La "maison", c'est votre esprit. Lorsque, dans votre esprit, il y a un conflit, il serait imprudent de vous lancer dans une entreprise hasardeuse. Restez tranquille et calme. Soyez conscient que la paix et l'harmonie de Dieu sont à l'oeuvre dans votre esprit, dans votre corps et dans les circonstances extérieures de votre vie. Alors, petit à petit, vous retrouverez votre équilibre. Mettez votre confiance en Dieu qui vous guidera.

L'image

...si quelqu'un dit à cette montagne: "Soulève-toi et jette-toi dans la mer", et s'il n'hésite pas dans son coeur, mais croit que ce qu'il dit va arriver, cela lui sera accordé. (Marc, 11:23.) Même si vous aviez toute une montagne de peurs, de remords, de dettes, d'habitudes dommageables ou de maladies, n'oubliez pas que n'importe quel problème peut être surmonté. Si vous vous battez courageusement avec votre pro-

blème, confiant dans la toute-puissance de Dieu, vous vaincrez la montagne qui se dresse en obstacle — elle disparaîtra et tombera dans l'oubli. Votre problème trouvera une solution.

Les traits

Six au commencement signifie:...*prends ton grabat et marche*. (Marc, 2:9.) Il ne faut pas que vous restiez sur le "grabat" de votre esprit en vous adonnant à de mauvaises pensées et idées, puisque celles-ci engendreraient des expériences malheureuses et des circonstances extérieures négatives. Comprenez que rien n'est éternel sur cette terre, et que tout passe. Emplissez votre esprit de vérités divines et affirmez ceci: "Dieu m'aime et il prend soin de moi." Détachez-vous immédiatement de toutes les pensées négatives et destructrices; vous éviterez ainsi échecs et dommages.

Six à la deuxième place signifie: ...*d'étendre ma couche dans les ténèbres*. (Job, 17:13.) Les "ténèbres", cette absence de lumière, et la "couche" figurent les pensées négatives avec lesquelles vous vous couchez spirituellement, c'est-à-dire sur lesquelles vous vous attardez. Des pensées négatives apporteront des résultats négatifs. La Bible vous dit que vos ennemis se trouvent dans votre propre famille — dans votre propre esprit. Soyez conscient qu'en étant seul du côté de Dieu, on est en majorité. Rappelez-vous le vieux dicton: "Cela aussi passera."

Six à la troisième place signifie: *Tu assureras la paix, la paix qui t'est confiée*. (Isaïe, 26:3.) Dans votre esprit, restez fermement attaché à Dieu qui vous habite et à son amour. Affirmez avec conviction: "Dieu me guide en ce moment. La paix divine emplit mon âme. Je crois en Dieu et en tout ce qui est bon. Tout sentiment négatif dans mon esprit sera guéri par la lumière de l'amour qui pénètre mon subconscient."

Six à la quatrième place signifie: *...mais quand il eut violé la couche de son père, son droit d'aînesse fut donné...* (Chroniques, I, 5:1.) Violer la couche de son père veut dire: souiller son esprit avec la colère, la condamnation de soi-même, la rancoeur et d'autres sentiments négatifs. Ce sont des poisons pour l'esprit qui donnent lieu aux échecs et aux dommages dans toutes les circonstances de votre vie. Pardonnez-vous d'avoir eu des pensées négatives, souhaitez à tout le monde tous les bienfaits de la vie et exaltez Dieu au milieu de vous, Dieu qui a le pouvoir de guérir tous les maux.

Six à la cinquième place signifie: *Et Il leur dit: "Venez à ma suite, et Je vous ferai pêcheurs d'hommes".* (Matthieu, 4:19.) Le mot "homme" désigne l'esprit. Vous pouvez pêcher des idées dans les profondeurs de votre esprit. Il n'est pas possible de suivre chaque homme, mais vous pouvez vous identifier aux vérités éternelles et aux lois universelles de l'esprit, et les appliquer dans votre vie. Des profondeurs de votre subconscient, vous pouvez "pêcher" la solution à chacun de vos problèmes. La réponse se trouve en vous. Des réponses et des idées divines surgissent de votre subconscient, et tout ce que vous faites réussira.

Neuf en haut signifie: *Mais le fruit de l'Esprit est charité, joie, paix, longanimité, serviabilité, bonté, confiance dans les autres, douceur...* (Galates, 5:22-23.) En mangeant de l'arbre de la vie — la présence de Dieu en nous — c'est-à-dire en méditant l'harmonie, la paix, l'amour, la joie et l'inspiration, nous assimilons ces vérités et, de ce fait, celles-ci s'expriment automatiquement dans notre vie. Si vous incorporez ces vérités dans votre subconscient, vous constaterez tout à coup que tout mal est finalement détruit par lui-même. Votre foi et votre confiance en Dieu seront largement récompensées, ici et maintenant.

24. Fou / Le retour (le tournant)

☰ ☰   **En haut K'ouen, le réceptif, la terre**

☰ ☰   **En bas Tchen, l'éveilleur, le tonnerre**

Le jugement

Dans la conversion et le calme était votre salut, dans la sérénité et la confiance était votre force... (Isaïe, 30:15.) *Si tu reviens au Tout-Puissant en humilié...* (Job, 22:23.) Si vous vous unissez à la présence infinie de Dieu, cette force deviendra puissante et agissante dans votre vie. Grâce à cette communion, à cette union intérieure, vous êtes fort et toutes vos entreprises tourneront à votre avantage. Tout ce que vous pourrez décider réussira.

L'image

Voix de tonnerre dans le ciel. Tes éclairs illuminaient le monde... (Psaumes, 77:19.) Le "ciel" représente le ciel de votre esprit, l'inspiration par l'Infini qui vous ébranle et vous élève spirituellement. Les "éclairs" sont la lumière intérieure, l'illumination de votre intellect par la sagesse divine qui vous habite. C'est le moment propice pour vous de devenir calme et tranquille et d'écouter votre voix intérieure.

Les traits

Neuf au commencement signifie: *...ma prière revenant dans mon sein.* (Psaumes, 35:13.) Prenez l'habitude de remplacer toute pensée négative par une pensée positive. Concentrez toute votre attention sur votre but, fortifiez mentalement et sur le plan émotif votre désir pour que celui-ci pénètre dans votre subconscient. Vous connaîtrez un grand succès et un grand bonheur.

Six à la deuxième place signifie: *...si tu reviens à Yahvé ton Dieu, si tu écoutes sa voix...* (Deutéronome, 30:2.) C'est Dieu agissant dans votre vie qui fait régner l'harmonie et la paix partout. Écoutez votre voix intérieure, votre intuition, elle vous mènera aux verts pâturages et à l'abondance en toutes choses.

Six à la troisième place signifie: *...et j'en retrancherai quiconque parcourt le pays.* (Ézéchiel, 35:7.) Si vous temporisez, si vous hésitez, si vous êtes vacillant et irrésolu, vous êtes un personnage indécis et instable qui n'arrive pas à ses fins. Restez attaché à la vérité et occupez votre esprit avec des idées qui guérissent, inspirent, élèvent votre âme et lui donnent de la dignité. Refusez de vous départir des critères spirituels qui définissent ce qui est juste, bon, noble et ressemblant à Dieu.

Six à la quatrième place signifie: *Puis les bergers s'en retournèrent glorifiant et louant Dieu...* (Luc, 2:20.) Votre esprit a besoin d'un "berger", il a besoin d'être guidé. Continuez à veiller sur vos pensées, vos attitudes, vos sentiments et marchez dans la conscience de l'amour de Dieu. Alors vous serez automatiquement heureux dans votre vie.

Six à la cinquième place signifie: *Revenez à moi et Je reviendrai à vous! dit Yahvé Sabaot.* (Malachie, 3:7.) Chaque fois que vous vous tournez vers la présence de Dieu en vous, une réaction se fera sentir. C'est la loi de la relation réciproque. Souvenez-vous: Dieu ne punit jamais. C'est vous seul qui vous punissez, et ce par la pensée négative. Pareillement, vous vous guérissez vous-même grâce à la pensée constructive. La récompense et le châtiment reposent uniquement sur votre façon de penser et d'agir. Pardonnez-vous d'avoir entretenu des pensées négatives, prenez la résolution de ne plus vous abandonner à de telles pensées. Alors vous serez pardonné et libre.

Six en haut signifie: *Je me disais: "Après avoir fait tout cela, elle reviendra à moi"; mais elle ne revint pas.* (Jérémie, 3:7.) Quelle que soit la faute que vous ayez commise, vous pouvez commencer dès à présent à imprimer à votre subconscient des schémas spirituels constructifs et vivifiants, et aussitôt les choses tourneront à votre avantage. Dans l'esprit, il n'y a ni temps, ni espace et, dès le moment où vous commencez à penser positivement, le passé est oublié une fois pour toutes. Par contre, si vous manquez de donner à votre vie une nouvelle orientation et d'emprunter les voies qui sont agréables à Dieu, vous connaîtrez échecs, pertes et dommages sur toute la ligne.

25. Wou Wang / L'innocence (l'inattendu)

En haut K'ien, le créateur, le ciel

En bas Tchen, l'éveilleur, le tonnerre

Le jugement

Je suis pur, sans transgression; je suis intact, sans faute. (Job, 33:9.) "Être intact" signifie être sans péché, être libre de toute faute morale, être innocent. Être innocent suppose avant tout l'absence totale de mauvaises intentions ou motivations. Notre monde est un univers de lois et d'ordre où rien n'est laissé au hasard. La fortune et l'infortune n'arrivent pas de l'extérieur dans votre vie. Si votre motivation est bonne et si vous maintenez que la loi et l'ordre divins régissent votre vie, vous marcherez victorieusement vers votre but.

L'image

...j'entendis...... crier comme d'une voix de tonnerre... (Apocalypse, 6:1.) Dans la Bible comme dans le I-Ching, "l'éclair" et "le tonnerre" symbolisent le passage de la conscience de l'état inconditionné, arbitraire, vers l'état conditionné. En imaginant le bien, vous expérimenterez le bien. C'est cela qui vous fait progresser sur l'itinéraire de votre vie.

Les traits

Neuf au commencement signifie: *Mon Dieu a envoyé son ange, il a fermé la gueule des lions et ils ne m'ont pas fait de mal, parce que j'ai été trouvé innocent devant lui.* (Daniel, 6:23.) "L'ange" symbolise un élan intérieur, les idées qui jaillissent en vous et qui vous poussent à aller plus haut encore. Les lions représentent les obstacles, les problèmes, les difficultés. Cependant, ceux-ci seront surmontés, le succès et le bonheur sont assurés.

Six à la deuxième place signifie: *À toi aussi... est destinée une moisson...* (Osée, 6:11.) Ce que vous semez dans votre subconscient portera des fruits. C'est cela, la moisson qui vous est destinée. Votre subconscient reproduit vos pensées habituelles. Il multiplie et amplifie ce que vous y déposez. Est-ce bon ou mauvais? Ne vous demandez pas comment, quand et où votre prière sera entendue, votre désir se réalisera; ayez confiance, cela arrivera.

Six à la troisième place signifie: *...car je l'ai retrouvée, la drachme que j'avais perdue.* (Luc, 15:9.) Lorsque vous avez perdu le contact avec Dieu, vous subissez des pertes dans votre vie. Si vous avez subi une perte, identifiez-vous spirituellement avec le bien en vous, sachant que votre subconscient réagira, qu'il réalisera et multipliera ce bien. À l'avenir, refusez d'accepter des pertes dans votre esprit, car tout ce qui provoque des pertes ou des gains se passe d'abord dans votre esprit. Unissez-vous mentalement et spirituellement à ce que vous pensez avoir perdu, et votre subconscient vous fera retrouver des trésors insoupçonnés.

Neuf à la quatrième place signifie: *...priez en tout temps, dans l'Esprit; apportez-y une vigilance inlassable...* (Éphésiens, 6:18.) Votre détermination et votre attitude correcte vous permettent d'atteindre votre but. Rien ni personne ne peuvent s'opposer au pouvoir de l'Infini qui agit en votre faveur.

Neuf à la cinquième place signifie: *Coeur joyeux améliore la santé...* (Proverbes, 17:22.) Soyez conscient que la présence infinie et guérissante de Dieu qui vous a créé vous transmet à présent son courant d'harmonie, de santé et de joie. Le principe de vie tend à vous guérir et à vous rétablir en parfaite santé. Lorsque vous consultez un médecin, dites-vous que celui-ci est guidé par Dieu et que tout ce qu'il vous recommande ne peut être que bénéfique pour vous. Une parfaite santé vous est assurée.

Neuf en haut signifie: *Il y a un moment pour tout et un temps pour toute chose sous le ciel.* (Ecclésiaste, 3:1.) Dieu est sans temps ni espace, comme votre âme, mais vous vivez concrètement dans un monde tridimensionnel du temps et de l'espace. Il y a un temps propice pour semer, et un temps qui convient pour moissonner. Restez calme et tranquille; attendez le bon moment. Le temps propice pour agir viendra plus tard.

26. Ta Tch'ou / Le pouvoir d'apprivoisement du grand

≡ ≡   **En haut Ken, l'immobilisation, la montagne**

≡≡≡   **En bas K'ien, le créateur, le ciel**

Le jugement

...mais celui qui aura tenu bon jusqu'au bout, celui-là sera sauvé. (Matthieu, 10:22.) Cela veut dire que vous réussirez si vous restez fermement attaché à votre but, confiant et fidèle à la force immense qui vous soutient. Il serait avantageux pour vous de prendre une nouvelle orientation spirituelle, "en tenant bon jusqu'au bout". Dès lors, voyagez mentalement de votre position actuelle vers une nouvelle demeure spirituelle. Ayant pris cette décision, un voyage extérieur vous serait également bénéfique.

L'image

Car voici que le Royaume de Dieu est au milieu de vous. (Luc, 17:21.) Tous les pouvoirs, qualités et attributs de Dieu sont au milieu de vous. Les trésors de l'éternité se trouvent en vous. Contemplez l'harmonie, la santé, la paix, l'amour, l'action juste et la ligne de conduite que Dieu vous indique. Vivez avec ces vérités, elles produiront des miracles dans votre vie.

Les traits

Neuf au commencement signifie:...*et la navigation était désormais périlleuse...* (Actes des Apôtres, 27:9.) Lorsque la tempête menace, mieux vaut ne pas s'aventurer en mer. Soyez calme et pondéré, le temps viendra pour vous d'aller de l'avant sous la conduite de Dieu.

Neuf à la deuxième place signifie:*Les tourillons des roues étaient dans la base...* (Rois, I, 7:32.) Comme vous le savez, le tourillon, c'est l'axe autour duquel tourne la roue. Si vous vous unissez mentalement et spirituellement à Dieu, votre action sera juste. Dans le langage symbolique du I-Ching et de la Bible, cela veut dire qu'une fois l'axe enlevé, tout mouvement devient impossible. Vous devez en déduire qu'il s'agit à présent de calmer votre esprit, de vaquer à vos affaires de routine et d'attendre avec confiance le moment où vous serez guidé comme il faut dans votre avancement personnel.

Neuf à la troisième place signifie:*Et voici qu'apparut à mes yeux un cheval blanc; celui qui le montait tenait un arc; on lui donna une couronne et il partit en vainqueur, et pour vaincre encore.* (Apocalypse, 6:2.) Vous montez le cheval blanc (symbole du pouvoir et de la présence de Dieu) lorsque vous reconnaissez que votre conscience, votre "je suis" est un don de Dieu. En faisant totalement confiance à la présence de Dieu, vous montez en effet le cheval blanc de la victoire. Refusez d'accorder du pouvoir aux circonstances et aux événements extérieurs. Tous les obstacles que vous rencontrerez seront écartés. Vous réaliserez votre projet, vous atteindrez le but de votre vie.

Six à la quatrième place signifie:*Ce n'est pas par la puissance, ni par la force, mais par mon Esprit — dit Yahvé Sabaot.* (Zacharie, 4:6.) Un effort sans effort, telle est la solution. Vous ne pouvez donner du pouvoir supplémentaire à la puissance infinie qui est la seule puissance de l'univers. Laissez-vous pénétrer par le courant de cette puissance, tranquillement et dans l'amour, et soyez convaincu que l'Esprit qui est en vous veillera à ce que tout se passe selon l'ordre divin. N'appliquez à votre esprit ni force, ni contrainte. Tout doit se faire en souplesse. Vous vaincrez.

Six à la cinquième place signifie:...*le sanglier des forêts la ravage...* (Psaumes, 80:14.) Nous devons tâcher de maîtriser nos propensions animales. Dans le I-Ching comme dans notre Bible, les animaux figurent les instincts et impulsions de l'homme. Votre nature émotionnelle doit être canalisée de manière constructive. Soyez paisible et confiant. Le désir de votre coeur se réalisera.

Neuf en haut signifie:*Yahvé, dans les cieux est son trône...* (Psaumes,11:4.) Les "cieux" désignent votre état d'esprit harmonieusement équilibré. Le "trône" de Yahvé représente la puissance divine ou la présence de Dieu en vous — votre réalité. L'Esprit vivant — Dieu — agit en vous en ce moment; il vous apporte les bienfaits de la vie et l'accomplissement de vos désirs.

27. Yi / Les commissures des lèvres
(l'administration de la nourriture)

☶   **En haut Ken, l'immobilisation, la montagne**

☳   **En bas Tchen, l'éveilleur, le tonnerre**

Le jugement

Car c'est Yahvé qui donne la sagesse, de sa bouche sortent le savoir et l'intelligence. (Proverbes, 2:6.) Soyez critique dans le choix de ce que vous laissez entrer dans votre esprit — qui est la bouche de Dieu — et veillez à ce que ce soient des pensées salutaires et vraies. Dans la mesure où vous restez attaché fidèlement aux vérités de Dieu, vous connaîtrez de grands bienfaits.

L'image

Mais le tonnerre de sa puissance, qui le comprendra? (Job, 26:14.) Vous comprendrez cette puissance dès le moment où vous commencerez à penser, à parler et à agir du point de vue de l'unique Infini. Votre discours sera fondé sur la sagesse, la vérité et l'amour. Tout ce que vous dites aux autres devrait les aider, les encourager et les inspirer.

Les traits

Neuf au commencement signifie: *Voici, parmi les bestioles qui rampent sur terre, celles que vous tiendrez pour impures...* (Lévitique, 11:29.) L'homme ne doit pas vivre comme une bestiole rampante qui ne voit les choses que d'en bas. Vous possédez la capacité de regarder en votre intérieur et d'en demander ce que vous désirez. En union avec l'Infini, vous pouvez obtenir tout ce dont vous avez besoin, sans vous abaisser pour autant et sans devoir empiéter en aucune sorte sur les droits et les libertés des autres. Ermerson disait avec à-propos: "L'envie est de l'ignorance, et l'imitation est du suicide." Le fait d'envier les autres est signe d'infériorité et d'imperfection. L'envie entraîne pertes et dommages.

Six à la deuxième place signifie: *...nourri des enseignements de la foi et de la bonne doctrine dont tu t'es toujours montré le disciple fidèle.* (Timothée, I, 4:6.) Cherchez conseil, force et inspiration auprès de la présence de Dieu en vous. L'intelligence infinie de votre subconscient vous conduira à la place qui vous revient réellement dans la vie. Il n'est pas bon de se reposer sur les autres et de chercher de l'aide chez les autres. La leçon fondamentale de la vie est d'apprendre à se débrouiller seul pour résoudre ses problèmes. Celui qui s'appuie sur les autres et qui accepte trop volontiers de l'aide extérieure compromet son respect de lui-même et sa confiance en lui-même, ainsi que son développement caractériel. Une telle attitude mènerait à l'échec.

Six à la troisième place signifie: *Là, Je pourvoirai à ton entretien... pour que tu ne sois pas dans l'indigence...* (Genèse, 45:11.) L'homme ne peut vivre uniquement de nourritures terrestres. Il a besoin également de nourritures immatérielles comme le courage, la foi, la confiance, la joie, le rire, l'inspiration divine. Les peurs, les craintes, les soucis, les jalousies, les envies et les tendances négatives qui sont ancrés dans l'esprit de masse ne constituent pas une nourriture saine, car ils engendrent pertes, maladies et confusion. Il n'est jamais trop tard pour se tourner à nouveau vers le beau et le bon.

Six à la quatrième place signifie: *"...c'est moi qui vous entretiendrai, ainsi que les personnes à votre charge." Il les consola et leur parla affectueusement.* (Genèse, 50:21.) Soyez vigilant en ce qui concerne votre nourriture, ce avec quoi vous vous "entretenez". Défendez-vous de la peur, du doute et de tout sentiment négatif. Employez-vous à diriger votre attention sur tout ce qui est bon et rappelez-vous que la toute-puissance de Dieu peut transformer vos rêves en réalité. Grâce à votre perception intérieure, vous serez en mesure d'attirer vers vous ceux qui pourront idéalement vous aider.

Six à la cinquième place signifie: *...et vous trouverez soulagement pour vos âmes.* (Matthieu, 11:29.) Tournez-vous vers la présence de Dieu en vous et demandez d'être animé et guidé par sa paix, sa puissance et sa force. Il serait avantageux pour vous de chercher un conseil spirituel auprès d'une personne de haut niveau intellectuel qui se trouve dans votre entourage. D'ici là, il convient de vous tenir calme et tranquille et d'éviter les voyages. Le temps propice viendra.

Neuf en haut signifie: *Il paît son troupeau parmi les lis. Avant que souffle la brise du jour et que s'enfuient les ombres...* (Cantiques des Cantiques, 2:16-17.) Les lis symbolisent la joie, l'harmonie, la paix, la beauté, la justice et l'ordre divin. C'est parmi ces "lis" que vous devriez "paître". Vos projets, vos voyages et vos entreprises réussiront. Mettez votre confiance en Dieu jusqu'à ce que s'enfuient les ombres.

28. Ta Kouo / La prépondérance du grand

≡ ═   **En haut Touei, le joyeux, le lac**

≡ ═   **En bas Souen, le doux, le vent, le bois**

Le jugement

Décharge sur Yahvé ton fardeau et Lui te subviendra... (Psaumes, 55:23.) Lorsqu'un fardeau, un poids vous paraît trop lourd à porter, souvenez-vous que vous participez à la puissance de Dieu qui est là pour vous soutenir, pour vous donner des forces et pour résoudre vos problèmes. Il s'agit simplement de changer vos sentiments et vos convictions. Puisque la prière nous aide à nous relever, affirmez ceci: "Je suis entouré, soutenu et guidé par l'amour, la sagesse et la paix de Dieu." Vous réussirez et vous atteindrez votre but.

L'image

Dieu est en elle; elle ne peut chanceler, Dieu la secourt au tournant du matin. (Psaumes, 46:6.) Ne soyez pas inquiet.

Dieu est vraiment au milieu de vous et il calme les eaux de vos sentiments en émoi. Rendez-vous compte que le courant de la paix divine vous traverse. Alors vous ne chancellerez pas, mais resterez serein et calme.

Les traits

Six au commencement signifie: *Enfin, vous tous... dans la compassion.* (Pierre, I, 3:8.) La compassion découle de l'amour. Veillez à ce que, dans vos paroles et dans vos actes, vous soyez toujours en accord avec le grand principe de l'amour et de la bienveillance.

Neuf à la deuxième place signifie: *...aux peupliers d'alentour nous avions pendu nos harpes.* (Psaumes, 137:2.) La harpe symbolise la musique de l'âme ou une joie intérieure qui vous élève au-dessus de tous les obstacles et qui vous fait atteindre de grandes choses. Tout ce que vous faites vous sera bénéfique.

Neuf à la troisième place signifie: *...et la navigation était désormais périlleuse.* (Actes, 27:9.) Lorsque la tempête déchaîne la mer, il est préférable de ne pas s'aventurer au large avec sa barque. Cherchez conseil. Restez tranquille. N'essayez pas de faire violence à votre esprit, n'essayez pas de forcer les choses. Il en résulterait pertes et échecs.

Neuf à la quatrième place signifie: *...revêtez des sentiments... d'humilité...* (Colossiens, 3:12.) *...qui est humble d'esprit obtiendra l'honneur.* (Proverbes, 29:23.) L'humilité est une qualité importante. Soyez réceptif et prompt à apprendre; alors vous grandirez et vous réussirez. Les grands de ce monde sont modestes, humbles, sincères, et leurs motivations sont justes. Soyez assuré que la puissance de Dieu vous fortifie et vous guide, et que le succès vous sera acquis.

Neuf à la cinquième place signifie: *Dans la vieillesse encore ils portent fruit, ils restent frais et florissants...* (Psaumes, 92:15.) La jeunesse est le temps pour les jeux et le sport. En avançant en âge, vous devriez vous tourner davantage vers des intérêts intellectuels et spirituels. N'essayez pas de rattraper la jeunesse soi-disant "perdue". Votre devoir est à présent de découvrir et de libérer les immenses beautés en votre intérieur. Si vous avez soixante-cinq ou soixante-dix ans, vous ne pouvez pas courir aussi vite que votre fils de vingt ans. Inutile d'essayer, sinon vous seriez *comme l'oiseau qui se précipite dans le filet sans savoir qu'il y va de sa vie.* (Proverbes, 7:23.)

Six en haut signifie: *...le monde d'alors périt inondé par l'eau.* (Pierre, II, 3:6.) Une inondation de votre esprit par des sentiments négatifs peut provoquer la maladie et un déclin prématuré. Calmez les eaux de votre esprit et sachez qu'en reconnaissant Dieu au milieu de vous vous trouverez la paix, l'harmonie et la liberté.

29. K'an / L'insondable, l'eau

☵   **En haut K'an, l'insondable, l'cau**

☵   **En bas K'an l'insondable, l'eau**

Le jugement

Lorsque mugissent et bouillonnent leurs eaux... (Psaumes, 46:4.) Vous ne serez plus à la merci de n'importe quel vent qui souffle, ni emporté par les flots comme un bois qui flotte impuissant. Ayez confiance en Dieu, il vous mènera à des eaux tranquilles et à de verts pâturages.

L'image

Si tu traverses les eaux Je serai avec toi, et les rivières, elles ne te submergeront pas. (Isaïe, 43:2.) Reconnaissez et réalisez que l'amour divin vous précède et rend vos sentiers droits et joyeux. Dieu remplit tous les vases de votre vie.

Les traits

Six au commencement signifie: *Je m'égare, brebis perdue...* (Psaumes, 119:176.) Si vous vous écartez de l'étalon divin, de ce qui est bon, pur, noble et beau, vous éprouverez pertes et dommages. Retournez sur la voie de la glorification de Dieu et, dans tout ce que vous faites, laissez-vous guider par l'amour et la justice.

Neuf à la deuxième place signifie: *Yahvé mène les pas de l'homme, ils sont fermes et sa marche lui plaît.* (Psaumes, 37:23.) Ne forcez rien à présent. N'offrez pas de résistance mentale. Tournez-vous vers Dieu qui est en vous et demandez qu'il guide tous vos pas. Soyez vigilant et sur le qui-vive; utilisez votre bon sens.

Six à la troisième place signifie: *Vers Yahvé, quand l'angoisse me prend, je crie, Il me répond.* (Psaumes, 120:1.) Lorsque vous vous trouvez dans un dilemme et ne voyez pas d'issue, calmez votre esprit et demandez à la sagesse infinie en vous de vous indiquer le chemin. La réponse viendra. Respectez-la. Il y a toujours une réponse et une solution.

Six à la quatrième place signifie: *Il se lève en les ténèbres, lumière des coeurs droits...* (Psaumes, 112:4.) Dieu qui est en vous, cette lumière intérieure, est une force dynamique. Grâce à celle-ci, vous êtes capable de faire et de dire ce qui convient, au juste moment.

Neuf à la cinquième place signifie: *Qui est avide de rapines trouble sa maison...* (Proverbes, 15:27.) Ne tentez pas de donner moins que ce que vous êtes prêt à recevoir. Soyez certain que l'intelligence créatrice de votre subconscient vous guide judicieusement.

Six en haut signifie: *...il s'en alla le faire jeter en prison, en attendant qu'il eut remboursé son dû.* (Matthieu, 18:30.) C'est la peur, la maladie, la rancune et la malveillance qui tiennent l'homme en esclavage, en servitude. Des murs de pierre à eux seuls ne font pas une prison, ni des barres de fer une cage. La prison la plus redoutable est celle de votre esprit, où la culpabilité et l'autopunition ravagent l'homme. Pardonnez-vous d'avoir nourri des pensées négatives et pardonnez aussi à tous les autres.

30. Li/Ce qui s'attache, le feu

≡≡   **En haut Li, ce qui s'attache, le feu**

≡≡   **En bas Li, ce qui s'attache, le feu**

Le jugement

...mais celui qui aura tenu bon jusqu'au bout, celui-là sera sauvé. (Matthieu, 10:22.) Poursuivez votre but avec assiduité, foi et confiance, sachant que la sagesse de votre subconscient vous guidera. Surveillez votre conscient et prenez garde que rien ne puisse entrer dans votre subconscient qui ne procure à votre âme joie et liberté.

L'image

La lumière d'Israël deviendra un feu... (Isaïe, 10:17.) Le feu symbolise l'illumination par l'intelligence suprême, l'illumination de votre subconscient qui vous révèle tout ce que vous devez savoir et qui vous permet de transmettre cette lumière aux autres.

Les traits

Neuf au commencement signifie: ...*tu assureras la paix, la paix qui t'est confiée.* (Isaïe, 26:3.) Veillez à ne pas tomber sous l'emprise de la peur, des doutes, des appréhensions et du pessimisme. Dès le matin, mettez-vous au diapason de l'Infini et demandez que Dieu vous inspire et vous guide. Chargez les batteries de votre esprit par la confiance en Dieu et par tout ce qui est bon. Le commencement et la fin ne font qu'un. Commencez vos entreprises avec Dieu, et le résultat final sera bon.

Six à la deuxième place signifie: ...*Il produira ta justice comme le jour, comme le midi ton droit.* (Psaumes, 37:6.) À midi, le soleil ne jette pas d'ombre. Rien ne peut vous détourner de votre but, car le principe divin, qui vous indique la ligne de conduite à suivre, vous assurera un succès triomphant.

Neuf à la troisième place signifie: ...*quand fut couché le soleil, on Lui apportait tous les malades...* (Marc, 1:32.) Le soleil symbolise le principe de vie infini, l'intelligence infinie, la force vitale, car il donne lumière et vie aux hommes de ce monde. Lorsque vous refusez de vous tourner vers cette lumière guérissante en vous, cette lumière qui est capable de vous bénir, de vous inspirer et de vous guérir, le soleil est couché pour vous, car vous acceptez les fausses convictions et opinions du monde. Une telle attitude mène à la perte. La vieillesse n'est pas une fuite des années, mais, au contraire, l'aube qui fait poindre la sagesse dans l'esprit de l'homme.

Neuf à la quatrième place signifie: ...*c'est une flamme qui ne s'éteindra pas...* (Ézéchiel, 21:3.) ...*par ta lumière nous voyons la lumière.* (Psaumes, 36:10.) La lumière éternelle se trouve en vous. Elle vous éclaire tant que vous êtes au diapason de l'Infini et que vous êtes conscient qu'avec l'aide de la force de Dieu en vous tout vous est possible. Tout ce que vous faites doit être conforme à la loi et à l'ordre divins. Cessez de croire que votre force provient de votre cerveau, de vos nerfs, de vos muscles. Votre force et votre succès viennent de Dieu qui est en vous. Évitez de vous faire ballotter entre les hauts et les bas de la vie, en faisant tout, absolument tout, pour la gloire de Dieu. La lutte pour le bonheur matériel est vaine, car si vous n'en avez pas l'équivalent spirituel, vous ne récolterez que pertes et dommages. Cessez de vous promouvoir extérieurement; vous connaîtrez une véritable promotion lorsque vous parviendrez à imprégner votre subconscient de l'idée de la croissance, du développement et du succès.

Six à la cinquième place signifie: *Dieu essuiera toute larme de leurs yeux...* (Apocalypse, 21:4.) Rien ne dure pour toujours. Le chagrin, la souffrance, la maladie, tout cela passe. La joie prend la place de la tristesse, le rire cède aux larmes. Après la tempête vient le calme. Quand vous êtes déprimé ou triste, concentrez votre attention sur la solution, l'issue. Alors, des forces immenses convergeront vers ce foyer de votre attention, et vous connaîtrez la joie de la prière exaucée.

Neuf en haut signifie: *Ne te laisse pas vaincre par le mal, sois vainqueur du mal par le bien.* (Romains, 12:21.) Ne cédez pas au mal, mais soyez-en le vainqueur! Si vous ne vainquez pas le mal par le bien, vous allez à l'encontre du courant de la vie qui se répand dans l'harmonie, la paix et l'amour, car Dieu est vie. Comblez donc votre esprit de pensées d'harmonie, de paix, d'amour et de bienveillance envers tous. Les pensées de rancune, de vengeance, de malveillance, de jalousie et d'hostilité sont les malfaiteurs de votre esprit. Ce sont des usurpateurs, des maraudeurs qui s'approprient tout en pillant, par la violence. Bannissez-les de votre esprit et tournez vos pensées vers la beauté, la paix et l'ordre divins. Vous êtes seul à régner sur le monde de vos idées. Vous êtes le souverain absolu de vos pensées, de vos sentiments, de vos actions et de vos réactions. Commencez votre règne dès maintenant.

31. Hien/L'influence (la demande en mariage)

≡ ≡   **En haut Touei, le joyeux, le lac**

☰ ☰   **En bas Ken. l'immobilisation, la montagne**

Le jugement

Que le livre de cette Loi soit toujours sur tes lèvres... c'est alors que tu seras heureux dans tes entreprises et réussiras. (Josué, 1:8.) La loi de l'esprit veut que tout projet ou désir que vous imprimez à votre subconscient devienne réalité. Pratiquez la persévérance et la détermination en nourrissant mentalement et sur le plan émotif votre idéal; alors, votre demande sera couronnée de succès. Le mariage figure une union mentale ou spirituelle avec le bien en vous. Il peut aussi signifier l'union conjugale d'un homme et d'une femme qui s'harmonisent.

L'image

...tandis que Lui se tenait sur le bord du lac de Génésareth... (Luc, 5:1.) Le lac, dans la Bible comme dans le

I-Ching, symbolise le lac de la vie divine qui contient tous les trésors de l'Infini. Dans le langage de tous les jours, le lac représente votre subconscient. Laissez-vous guider par l'intelligence infinie de votre subconscient. Soyez humble et réceptif à l'égard de la sagesse intérieure qui transcende votre intellect. Elle sait tout et voit tout.

Les traits

Six au commencement signifie: *Les pieds et les orteils, partie fer et partie argile du potier: le royaume sera partie fort et partie fragile.* (Daniel, 2:42.) Les "pieds" désignent l'entendement, la compréhension des lois divines. Les "orteils" indiquent l'orientation de vos pensées, vos idéaux, vos projets, vos buts. Si votre but n'est pas étayé par les sentiments et par l'enthousiasme, il ne sera pas concrétisé. Le "fer" symbolise la force, la stabilité, le pouvoir; l'"argile", le monde objectif. Si vous pensez que des circonstances extérieures et des hommes peuvent contrecarrer vos projets, vous méconnaissez la puissance du Créateur et vous bloquez ainsi le bien en vous.

Six à la deuxième place signifie: *Tout lieu que foulera la plante de vos pieds, Je vous le donne...* (Josué, 1:3.) Cela veut dire que si vous ne parvenez pas à vous mettre dans un état psychologique nettement équilibré et si vous n'êtes pas motivé par l'action juste inspirée de Dieu, vous feriez mieux de ne pas poursuivre votre projet. Le "pied", dans la Bible et dans le I-Ching, symbolise l'entendement.

Neuf à la troisième place signifie: *...Il le frappa à l'emboîture de la hanche...* (Genèse, 32:26.) La hanche est une expression euphémique pour les organes génitaux de l'homme, qui symbolisent les forces créatrices que constituent votre conscient et votre subconscient. S'il y a accord entre votre conscient et votre subconscient sur ce qui est beau et bon, vous ferez un usage constructif de votre force créatrice.

Si vous êtes conditionné par des sentiments négatifs ou mû par des motifs déloyaux, ou si vous souhaitez profiter des autres, les suites seront très préjudiciables pour vous.

Neuf à la quatrième place signifie: *De toute votre inquiétude, déchargez-vous sur Lui, car Il a soin de vous.* (Pierre, I, 5:7.) Le royaume des cieux, qui est fait de paix, d'harmonie, de joie, d'amour et de beauté, est en vous. Calmez votre esprit et soumettez-vous à l'ordre et à l'amour divins, alors vous réussirez. N'essayez jamais, sous aucun prétexte, d'exercer une contrainte morale ou spirituelle sur les autres, ou d'en tirer profit de quelque manière que ce soit. Une telle attitude apporterait des dommages.

Neuf à la cinquième place signifie: *Sur son cou est campé la force, et devant lui bondit la violence.* (Job, 41:14.) Votre cou est un pivot qui vous permet de tourner la tête. Symboliquement, cela veut dire que, dans toutes les situations, vous pouvez vous tourner vers la vérité et créer un climat d'harmonie et de bienveillance. Une telle attitude aboutit à une action juste et apporte toujours de bons résultats.

Six en haut signifie: *La langue des sages rend le savoir agréable, la bouche des sots éructe la folie.* (Proverbes, 15:2.) *Langue apaisante est un arbre de vie, langue perverse brise le coeur.* (Proverbes, 15:4.) Votre discours doit s'appuyer sur les valeurs de la vie et sur les vérités immuables. Vous devriez penser et parler du point de vue de l'Infini. Le verbalisme futile et les bavardages creux ne mènent à rien. Les autres ressentent "subconsciemment" si vous êtes sincère et honnête. Vos paroles doivent venir du coeur et s'inspirer d'amour et de bienveillance.

32. Hong/ La durée

En haut Tchen, l'éveilleur, le tonnerre

En bas Souen, le doux, le vent

Le jugement

Chez moi sont la richesse et la gloire, les biens stables et la justice. (Proverbes, 8:18.) En persévérant dans la pensée, le sentiment et l'action justes, vous connaîtrez de grandes richesses spirituelles telles que l'harmonie et la paix, mais aussi une abondance de toutes les richesses matérielles dont vous avez besoin. Vous réussirez dans tous vos projets et dans toutes vos entreprises.

L'image

J'entendis... crier comme d'une voix de tonnerre... (Apocalypse, 6:1.) *Chacun sera comme un abri contre le vent...* (Isaïe, 32:2.) Dans le bruit du monde (le tonnerre) et dans le vent du temps, vous resterez calme, car vous êtes guidé par cette loi immuable qui est la même aujourd'hui qu'hier et qui sera encore la même demain. Vous êtes guidé par la loi et l'ordre divins; vous connaissez l'orientation divine qui vous mène à votre but.

Les traits

Six au commencement signifie: *...ne le produis pas trop vite au procès, car que feras-tu à la fin...?* (Proverbes, 25:8.) Reconnaissez que votre force est dans le calme et la confiance. Voici les qualités qui font avancer les choses. Vous ne pouvez pas forcer la croissance d'un enfant. L'enfant grandira et se développera selon une loi universelle. Des paroles précipitées et irréfléchies conduisent à l'échec. Dans la hâte, les choses vont mal.

Neuf à la deuxième place signifie: *Ne vous souvenez plus des événements anciens, ne pensez plus aux choses passées.* (Isaïe, 43:18.) Le passé est mort. Ne vous torturez pas avec des remords d'actions passées. Un nouveau commencement est aussi une nouvelle voie, une nouvelle fin. En ce moment où vous commencez à penser, à sentir et à agir correctement et justement, vous libérez les forces créatrices de votre subconscient, ces forces qui vous aident à réaliser le bien.

Neuf à la troisième place signifie: *Homme à l'âme partagée, inconstant dans toutes ses voies.* (Jacques, 1:8.) Un état d'esprit vacillant et indécis engendre la confusion et l'échec. Votre état d'esprit conditionne toutes les expériences de votre vie. Les peurs et les doutes vous mènent dans des voies sans issue, et vous connaîtrez pertes et dommages. Pensez correctement et vous agirez correctement.

Neuf à la quatrième place signifie: *Yahvé est mon berger, rien ne me manque.* (Psaumes, 23:1.) Yahvé, le Seigneur, signifie l'intelligence suprême en vous, qui sait tout et qui voit tout. Faites-en votre berger. Affirmez dans votre prière: "L'intelligence infinie me conduit à ma vraie place dans la vie où je ferai ce que j'aime faire, où je serai heureux et où je m'épanouirai." Suivez l'orientation qui vous sera indiquée.

Six à la cinquième place signifie: *...en effet, le mari est le chef de sa femme...* (Éphésiens, 5:23.) L'"homme" représente vos pensées, la "femme", vos sentiments. Prenez conscience que c'est la sagesse infinie qui vous guide, alors vous penserez justement, et vos sentiments vous fortifieront et vous soutiendront.

Six en haut signifie: *...dans... le calme... et la confiance était votre force...* (Isaïe, 30:15.) Si, dans votre conscient, vous êtes calme, serein et confiant, la sagesse de votre subconscient se révélera à vous. Par contre, si vous n'êtes pas en accord avec l'Infini, mais envahi par les peurs et les fausses convictions, vous courrez à l'échec.

33. *Touen / La retraite*

≡≡≡   **En haut K'ien, le créateur, le ciel**

≡ ≡   **En bas Ken, l'immobilisation, la montagne**

Le jugement

Dans la conversion et le calme était votre salut... (Isaïe, 30:15.) Convertissez-vous à l'Infini en vous et demandez la paix, l'harmonie, la force et la justesse dans vos actions. Une réponse vous sera donnée. Celle-ci vous est nécessaire avant de vous atteler à une tâche d'envergure ou avant de prendre une décision importante. Ce n'est pas le bon moment pour agir. Priez Dieu pour qu'il vous indique la voie à suivre, et vous progresserez comme il faut, quand le temps sera propice.

L'image

...Il gravit la montagne pour prier. (Luc, 9:28.) Vous gravissez une montagne lorsque vous contemplez la présence et la puissance de Dieu. La "montagne" symbolise un état de conscience élevé. Lorsque vous êtes dans un état d'élévation spiri-

tuelle, toutes les pensées négatives — la peur, la colère, la rancune — se dissolvent dans la lumière de l'amour de Dieu.

Les traits

Six au commencement signifie: *Mais s'il reste impassible, qui le condamnera?...* (Job, 34:29) *"Silence! Tais-toi!"* (Marc, 4:39.) Lorsque vous semblez être en difficulté, rappelez-vous que votre moi supérieur demeure toujours dans l'harmonie et dans la paix éternelles. Comprenez que le mal ne possède que la puissance que vous voulez bien lui prêter dans vos pensées. Soyez détendu et tranquille et sachez que vous retrouverez votre équilibre dès que vous aurez écarté de vous l'idée que quelque chose pourrait vous blesser. Il vaut mieux ne rien entreprendre en ce moment.

Six à la deuxième place signifie: *Si tu reviens au Tout-Puissant en humilié...* (Job, 22:23.) Pour trouver la solution à votre problème, tournez-vous vers l'Infini qui est en vous. Répétez votre demande avec toute votre foi et en toute confiance, et la solution vous sera indiquée.

Neuf à la troisième place signifie: *Yahvé le soutient sur son lit de douleur.* (Psaumes, 41:4.) Lorsque vous êtes fatigué, épuisé et dans un état de confusion mentale, tournez-vous calmement vers la présence de Dieu en vous, et dites-vous que le courant de la paix et de l'harmonie divines anime votre esprit, votre corps et toutes vos affaires; que tout ce qui est harmonie pour vous est également harmonie pour les autres; que ce qui est bénéfique pour vous est également bénéfique pour tout le monde. Agissez maintenant et faites ce que vous savez et sentez être juste.

Neuf à la quatrième place signifie: *Ce Dieu qui me ceint de force et rend ma voie irréprochable...* (Samuel, II, 22:33.) Quoi que vous décidiez, que vous abandonniez certaines activités ou que vous en entrepreniez de nouvelles, ce sera bien, car vous savez à présent ce qu'il faut faire.

Neuf à la cinquième place signifie: *Le secours me vient de Yahvé...* (Psaumes, 121:2.) *...néant, le salut de l'homme!* (Psaumes, 60:13.) Lorsque vous prenez une décision qui, d'après votre jugement, est juste et bonne pour vous, vous ne devriez pas faire attention à ce que les autres en pensent ou en disent. Maintenez votre décision. Suivez la lumière de Dieu qui vous éclaire.

Neuf en haut signifie: *Yahvé sans cesse te conduira.* (Isaïe, 58:11.) Vous êtes conduit par la sagesse infinie qui vous habite; tout ce que vous faites, réussira.

34. Ta Tchouang / La puissance du grand

☲ **En haut Tchen, l'éveilleur, le tonnerre**

☰ **En bas K'ien, le créateur, le ciel**

Le jugement

...au contraire, celui qui voudra devenir grand parmi vous, sera votre serviteur... (Marc, 10:43.) Les grands de ce monde, d'Edison à Einstein, ont contribué à l'amélioration du sort de l'humanité. Si vous mettez votre vie au service de l'amour du travail et des hommes, vous connaîtrez le succès.

L'image

Voix de tonnerre dans le ciel... (Psaumes, 77:19.) La "voix du tonnerre" indique que votre moi supérieur exprime un souhait à votre égard, qu'il vous incite à monter plus haut, à vous élever. Le "ciel" indique l'équilibre harmonieux de votre esprit. Autrement dit, votre moi supérieur vous fait sortir de votre léthargie et de votre suffisance pour vous faire comprendre que Dieu a besoin de vous à des niveaux d'expression plus élevés.

Les traits

Neuf au commencement signifie: ...*et sur le gros orteil de leur pied droit*. (Exode, 29:20.) Le "pied" symbolise la compréhension des lois de la vie. Les cinq "orteils" symbolisent les cinq sens. Si vous vous laissez dominer par des choses externes, vous subirez pertes et dommages. Autrement dit, si vous placez les choses matérielles de ce monde au-dessus de votre potentiel de créativité spirituelle — vos pensées et vos sentiments — vous rencontrerez pertes et échecs. Souvenez-vous: l'intérieur conditionne l'extérieur.

Neuf à la deuxième place signifie: *Remets ton sort à Yahvé, compte sur Lui, Il agira*. (Psaumes, 37: 5.) Cela veut dire: en observant les lois universelles de l'esprit — attitude qui vous garantit que tout ce que vous comtemplez se réalisera — et en vous fermant à toutes les tendances négatives, la réussite vous sera assurée.

Neuf à la troisième place signifie: *Car quiconque s'élève sera abaissé, et celui qui s'abaisse sera élevé*. (Luc, 14:11.) Ce n'est que par la prise de conscience que vous pouvez réellement recevoir et retenir. Cela veut dire que vous devez vous créer l'image spirituelle, l'équivalent mental de ce que vous voulez obtenir. Beaucoup de gens se vantent, exagèrent et prétendent être quelque chose qu'ils ne sont pas. Par des attitudes pareilles, on se barre le chemin du succès et de l'estime. Il faut que les valeurs intérieures telles que l'estime de soi, la sincérité et l'enthousiasme soient assimilées par votre subconscient et ce, moyennant la méditation et la prière. Tous vos efforts extérieurs sont vains si vous n'exprimez pas ce que vous ressentez intérieurement comme vrai et réel. Cessez de vous diminuer vous-même.

Neuf à la quatrième place signifie: *...en toutes tes démarches, reconnais-Le et Il aplanira tes sentiers.* (Proverbes, 3:6.) Reconnaissez que la force toute-puissante agit en votre faveur; rien ne peut s'opposer à elle, rien ne peut la mettre en question. Soyez assuré que le pouvoir de Dieu vous ouvre la voie vers la réalisation de votre voeu le plus cher. En ce moment, toutes les portes s'ouvrent devant vous.

Six à la cinquième place signifie: *Pendant sept jours, tu offriras en sacrifice un bouc...* (Ézéchiel, 43:25.) Le "bouc" est un symbole pour le sacrifice, ce qui veut dire que vous devez sacrifier le moindre pour accéder au plus grand. Le moindre, c'est l'hostilité et la rancune. Tous les jours, renoncez à ces hostilités, à ces sentiments négatifs, jusqu'à ce que vous en soyez complètement libéré.

Six en haut signifie: *...et Il séparera les gens les uns des autres, tout comme le berger sépare les brebis des boucs.* (Matthieu, 25:32.) Vous devez apprendre à distinguer le vrai du faux. Soyez conscient que la sagesse infinie en vous est le vrai, l'omniscient et l'omnipotent, tandis que la peur et la pensée négative sont le faux auquel vous ne devez céder aucune place. Le succès et la réussite vous sont assurés.

35. Tsin/Le progrès

En haut Li, ce qui s'attache, le feu

En bas K'ouen, le réceptif, la terre

Le jugement

...un cheval, de ceux que monte le roi... (Esther, 6:8.) Le roi montant le cheval exprime que vous êtes à présent porté par un élan de victoire, de triomphe et de réussite.

L'image

Alors les justes resplendiront comme le soleil... (Matthieu, 13:43.) Le soleil est un symbole pour la sagesse infinie qui éclaire les recoins les plus sombres de l'esprit humain. Dites-vous que Dieu vous guidera sur tous vos chemins, car la parole de Dieu est *une lampe sur vos pas, une lumière sur votre route.* (Psaumes, 119:105.)

Les traits

Six au commencement signifie: *Yahvé sans cesse te conduira...* (Isaïe, 58:11.) Ayez confiance en la présence de Dieu et poursuivez votre but avec persévérance. Le succès vous est assuré.

Six à la deuxième place signifie: *...car Dieu lui-même a dit: Je ne te laisserai ni ne t'abandonnerai.* (Hébreux, 13:5.) La présence de Dieu, c'est cela votre vie véritable. Elle vous fortifie à tout moment. Soyez fermement attaché au but de votre vie, sachant que votre subconscient vous montrera le chemin qui vous y conduit.

Six à la troisième place signifie: *...le sentier des hommes droits est une grand-route.* (Proverbes, 15:19.) La sagesse infinie de votre subconscient attire à vous des hommes qui vous aideront à réaliser vos buts. La sagesse de Dieu vous prépare une "grand-route": vous surmonterez tous les obstacles.

Neuf à la quatrième place signifie: *La justice de l'homme honnête rend droit son chemin, le méchant succombe dans sa méchanceté.* (Proverbes, 11:5.) Agissez toujours avec amour et sincérité. Ne déviez jamais du principe de l'action juste. Si vous tentez de tirer profit de quelqu'un ou de blesser quelqu'un d'autre, c'est à vous-même que vous infligerez des dommages. L'honnêteté est la meilleure politique.

Six à la cinquième place signifie: *Ne vous souvenez plus des événements anciens, ne pensez plus aux choses passées.* (Isaïe, 48:18.) Ne perdez pas votre temps en regardant en arrière. Ne gaspillez ni votre temps, ni votre énergie à ressasser les fautes que vous avez commises. Changez votre façon de penser, une fois pour toutes. Soyez certain que tous vos projets et toutes vos entreprises réussiront selon l'ordre divin.

Neuf en haut signifie: *Tandis que je considérais ses cornes...* (Daniel, 7:8.) Aux temps bibliques, les cornes furent employées comme récipients et aussi comme trompettes. Pour beaucoup d'animaux, les cornes sont une arme, un moyen de défense. La corne est symbole de force, d'honneur et de victoire. Cependant, les ennemis se trouvent toujours dans votre propre esprit. Votre corne, c'est-à-dire votre arme, c'est votre pouvoir de surmonter les obstacles. Écartez de votre coeur les rancunes et les hostilités. Il ne doit subsister en vous aucun désir de règlement de compte. Remettez-vous-en à l'ordre divin et vous vaincrez.

36. Ming Yi/L'obscurcissement de la lumière

☷ **En haut K'ouen, le réceptif, la terre**

☲ **En bas Li, ce qui s'attache, le feu**

Le jugement

...et Dieu sépara la lumière des ténèbres. (Genèse, 1:4.) La "lumière" symbolise la vérité, l'entendement et la compréhension. Affirmez le bien, c'est ainsi que vous séparez la lumière des ténèbres. Malgré les revers et les problèmes, restez fermement attaché à la puissance de Dieu qui agit à travers vous et pour vous.

L'image

Si donc la lumière qui est en toi est ténèbres, quelles ténèbres! (Matthieu, 6:23.) Lorsque la vision que vous avez de la vie et des choses est erronée et en désaccord avec les vérités et les principes de vie éternels, il faut que vous la changiez. Ne souhaitez rien que du bien à tous les gens de votre entourage et gardez à l'esprit que la lumière qui est en vous chasse les ténèbres. Alors vous verrez poindre un jour plein de promesses, et toutes les ombres reculeront.

Les traits

Neuf au commencement signifie: *Ainsi votre lumière doit-elle briller devant les hommes afin qu'ils voient vos bonnes oeuvres et glorifient votre Père qui est dans les cieux.* (Matthieu 5:16.) Devenez un canal pour le divin. Laissez-vous porter par le courant de l'amour, de l'harmonie et de l'entendement de Dieu. Louez Dieu et reconnaissez que tout problème a une solution. Lorsque la discorde, le déséquilibre ou la déception menacent de s'emparer de vous, souvenez-vous aussitôt que Dieu vous guide et qu'il vous découvre le chemin qui vous mène au but.

Six à la deuxième place signifie: *...Celui qui vous a appelés des ténèbres à son admirable lumière...* (Pierre, I, 2:9.) Lorsque que avez des difficultés de quelque ordre que ce soit, soyez conscient que la lumière dissipe les ténèbres et que chaque problème et chaque défi peuvent être maîtrisés dans l'ordre divin. Ainsi, vous surmonterez forcément vos difficultés, tout en aidant les personnes qui vous entourent à s'élever spirituellement.

Neuf à la troisième place signifie: *Connaît-on dans les ténèbres tes merveilles...?* (Psaumes, 88:13.) Peu importe quelles ombres vous rencontrerez, soyez convaincu qu'elles se dissiperont et que la lumière — votre joie spirituelle — reviendra. En voyageant, il se peut que vous soyez obligé, à cause d'un détournement, de suivre une mauvaise route et que vous soyez fort secoué. Mais ce détournement prendra fin. N'agissez pas dans la précipitation lorsque votre chemin est cahoteux et pénible. Tournez-vous vers la lumière et proclamez: "Victoire à la lumière!" *Arrêtez, connaissez que moi Je suis Dieu...* (Psaumes, 46:11.)

Six à la quatrième place signifie: *Les dires du calomniateur sont de friands morceaux qui descendent jusqu'au fond des entrailles.* (Proverbes, 26:22.) Les "entrailles", dans le I-Ching comme dans la Bible, désignent le subconscient. Vous n'êtes pas responsables des tendances négatives dans l'esprit d'un autre. Tournez-vous, dans votre intérieur, vers la lumière guérissante. Ne vous mêlez pas des affaires des autres. Souhaitez du bien au calomniateur et poursuivez votre route.

Six à la cinquième place signifie: *...où sa lampe brillait sur ma tête et sa lumière me guidait dans les ténèbres.* (Job, 29:3.) Quelles que soient la contrainte ou la servitude qui vous oppriment, ne combattez pas ces situations dans votre esprit. Soyez convaincu que l'intelligence infinie vous ouvrira une nouvelle porte et vous conduira vers la liberté et la paix de votre âme. À travers les ténèbres de l'aube, vous marcherez alors vers un jour nouveau.

Six en haut signifie: *...ni la peste qui marche en les té-nèbres...* (Psaumes, 91:6.) Vous êtes dans les ténèbres lorsque vous vous abandonnez à la mélancolie, à la dépression, à l'hostilité ou à la malveillance. Vous condamner vous-même ou condamner les autres, c'est cela la peste des ténèbres. Les manoeuvres hostiles des autres à votre égard ne font que refléter votre propre état d'esprit troublé. La violation de la loi de l'harmonie fait naître des difficultés. Pardonnez-vous à vous-même et pardonnez aux autres, et exaltez Dieu qui a le pouvoir de guérir.

37. Kia Jen/La famille (le clan)

≡ ≡ **En haut Souen, le doux, le vent**

≡ ≡ **En bas Li, ce qui s'attache, le feu**

Le jugement

Les plus sages des femmes bâtissent la maison... (Proverbes, 14:1.) La "maison" est votre esprit. Vous l'édifiez en reconnaissant les vérités de Dieu et, ainsi, vous grandissez en sagesse et en force. La "femme" indique le côté émotionnel de votre nature. Si votre pensée consciente agit en harmonie parfaite avec votre subconscient, les "enfants" de cette union spirituelle seront l'harmonie, la vitalité, la santé et l'abondance. Ce principe vaut aussi pour la vie: lorsqu'un homme et une femme s'aiment chacun louant Dieu dans l'autre, ce mariage connaîtra, au fil des années, des bienfaits de plus en plus grands.

L'image

...vent d'ouragan, l'ouvrier de sa parole... (Psaumes, 148:8.) Vos paroles doivent venir de votre coeur: elles doivent être ressenties par vous comme étant vraies; il faut que vous soyez convaincu que ce que vous dites est vrai. *Les paroles que Je vous ai dites sont esprit et elles sont vie.* (Jean, 6:63.)

Les traits

Neuf au commencement signifie: *L'arche de Dieu resta... dans sa maison; Yahvé bénit la maison...* (Chroniques, I, 13:14.) L'"arche de Dieu" représente l'amour de Dieu qui unit tous les membres de la famille. Les parents qui aiment leurs enfants veilleront à ce qu'ils fassent ce qui est juste et ils prendront soin de leur développement spirituel. Les enfants se développent à l'image et à l'exemple du climat mental et spirituel qui prédomine dans leur foyer.

Six à la deuxième place signifie: *...mais c'est Yahvé qui donne une femme de sens.* (Proverbes, 19:14.) Le mot "femme" représente ce que vous êtes mentalement et sur le plan émotif. C'est aussi votre subconscient. Veillez à ce que votre subconscient ne soit pas marqué de peurs, de doutes ou d'autres attitudes négatives. Soyez convaincu de la bonté de Dieu qui se manifeste ici et maintenant, dans nos vies.

Neuf à la troisième place signifie: *...à la connaissance la tempérance, à la tempérance la constance, à la constance la piété.* (Pierre, II, 1:6.) Un mouvement d'humeur occasionnel entre le mari et la femme, entre un frère et une soeur, ne peut pas faire de tort, dans la mesure où tout est vite pardonné et oublié. Par contre, c'est la rancune prolongée et la colère retenue qui causent des dégâts. La tempérance, la modération dans l'action et la maîtrise de soi dans la pensée et dans les émotions sont des conditions essentielles pour une vie heureuse. En ce qui vous concerne, la modération en toutes choses est conseillée.

Six à la quatrième place signifie: *Biens abondants dans la maison du juste...* (Proverbes, 15:6.) Les biens abondants de l'Infini se trouvent dans votre subconscient qui est uni à la sagesse infinie de Dieu. Vous pouvez puiser dans ces biens en exprimant le divin à tout moment de la journée, en pensées, en paroles et en actes. Un grand succès et l'abondance vous sont assurés.

Neuf à la cinquième place signifie: *Tu le dis: Je suis roi.* (Jean, 18:37.) Vous êtes un "roi" lorsque vous exercez votre pouvoir sur vos pensées, vos idées et vos émotions, en les orientant sur des voies agréables à Dieu. Vous pouvez gouverner sur vos forces mentales et spirituelles en monarque absolu. Si vous introduisez dans votre esprit l'harmonie et l'amour, vous rayonnerez la bienveillance envers tous, vous réussirez dans toutes vos entreprises et vous recevrez de multiples bienfaits.

Neuf en haut signifie: *Que devons-nous faire pour travailler aux oeuvres de Dieu?* (Jean, 6:28.) Tout ce que vous faites, faites-le dans un esprit de sollicitude et de gentillesse, faites-le pour la gloire de Dieu. Ainsi, des miracles se produiront dans votre vie.

38. K'ouei / L'opposition

En haut Li, ce qui s'attache, le feu

En bas Touei, le joyeux, le lac

Le jugement

...ta main vigoureuse sur moi s'acharne. (Job, 30:21.) La différence entre la réussite et l'échec n'est autre chose que le conflit entre les idées de réussite et les idées d'échec dans votre esprit. Vous êtes né pour réussir. Fortifiez vos idées de réussite par la foi et l'enthousiasme. Alors votre subconscient réagira en conséquence et vous contraindra au succès, tandis que toute idée d'échec dans votre esprit mourra. Nos pensées nous viennent par paires opposées. D'une paire de pensées, l'une doit mourir pour que l'autre puisse vivre.

L'image

...nous passions par le feu et par l'eau, puis tu nous as fait reprendre haleine. (Psaumes, 66:12.) Le "feu" et l'"eau" figurent les passions et les agitations émotionnelles. Dans des cas pareils, gardez à l'esprit que la sagesse infinie de votre subconscient, par laquelle s'exprime l'amour divin, est capable de vous faire retrouver la sérénité et l'équilibre. Ne permettez jamais aux autres de susciter en vous la colère et la rancune. Restez accordé à l'Infini et tout ira bien.

Les traits

Neuf au commencement signifie: *Donnes-tu au cheval la bravoure...* (Job, 39:19.) Le "cheval" est le symbole de votre état d'âme, de vos sentiments. Si les autres ont blessé vos sentiments, que cela ne soit en aucun cas prétexte à vous laisser aller à des sentiments hostiles à leur égard. Ne tentez pas de régler leur compte à ces malheureux infirmes mentaux. Si vous faisiez cela, vous vous abaisseriez à leur niveau mental, vous vous embrouilleriez dans les vibrations négatives des autres. Restez détaché et ne vous laissez pas troubler.

Neuf à la deuxième place signifie: *Mon âme exalte le Seigneur...* (Luc, 1:46.) Le "Seigneur" est le pouvoir de Dieu en vous, mais, psychologiquement parlant, c'est aussi votre idée dominante, l'idée qui régit votre esprit. Qui se ressemble s'assemble; or selon la loi de l'attraction vous attirerez ou vous rencontrerez la personne qui prend dans votre esprit une place privilégiée. C'est ainsi que fonctionne la loi universelle de l'esprit.

Six à la troisième place signifie: *Moïse prit les chariots et les boeufs...* (Nombres, 7:6.) Dans sa signification profonde, le nom de Moïse désigne un homme qui a l'art de puiser dans son subconscient la sagesse et la force de Dieu pour marcher ensuite vers son but et vers la victoire. Les "boeufs" et les "chariots" représentent vos forces subconscientes: ils portent la charge pour vous. Ces forces vous mèneront au but. Ayez confiance en ces forces, même si vous essuyez des revers ou si les gens se moquent de vous. Tenez bon et soyez convaincu que vous trouverez une solution harmonieuse grâce à la sagesse et à la force infinies qui sont en vous. Votre entreprise connaîtra un dénouement heureux.

Neuf à la quatrième place signifie: *Mais devant leur opposition...* (Actes, 18:6.) L'opposition n'existe que dans votre esprit. Grâce à la prière, vous pouvez concilier les oppositions et les contradictions. Prier, c'est contempler les vérités de Dieu. Soyez conscient que la sagesse infinie attirera à vous précisément les alliés que vous cherchez. La loi des affinités joue pour vous; vous trouverez les partenaires idéaux.

Six à la cinquième place signifie: *Ne vous souvenez plus des événements anciens, ne pensez plus aux choses passées.* (Isaïe, 43:18.) Le passé est mort. Seul le moment présent compte, rien d'autre. En changeant vos pensées actuelles, vous changerez votre destin. L'avenir est votre pensée actuelle devenue manifeste. Votre nouvelle attitude mentale qui repose sur la foi et la confiance brise toutes les barrières, surmonte tous les obstacles et vous assure le succès.

Neuf en haut signifie: *...qui l'envoya dans les champs garder les cochons*. (Luc, 15:15.) Le "cochon" symbolise, dans le I-Ching et dans notre Bible, un état d'esprit impur. Lorsque vous éprouverez un sentiment de culpabilité inconscient ou, autrement dit, un traumatisme psychique — par conséquent la peur d'être rejeté, en pensant, par exemple, que les autres sont indifférents envers vous — cette crainte a pour conséquence de projeter vos sentiments d'hostilité et d'animosité sur les autres. En réalité, vous projetez votre propre désordre intérieur sur les autres. Le désordre se trouve en vous-même. Priez ainsi tous les jours: "L'amour de Dieu remplit mon âme. La paix de Dieu coule dans mon esprit. La lumière de Dieu m'indique la voie, le soleil de son amour me précède et aplanit mes sentiers." Ainsi vous trouverez la paix et l'harmonie dans un monde en perpétuel changement.

39. Kien/L'obstacle

☰☰ **En haut K'an, l'insondable, l'eau**

☰☰ **En bas Ken, l'immobilisation, la montagne**

Le jugement

...il n'y a point d'autorité qui ne vienne de Dieu... (Romains, 13:1.) Lorsque vous rencontrez une difficulté quelconque, prenez conscience de la puissance de l'Infini en vous.

Soyez patient. Cherchez une solution dans votre esprit. Votre subconscient sait comment il faut franchir les obstacles. *Yahvé combattra pour vous; vous, vous n'aurez qu'à rester tranquilles.* (Exode, 14:14.) Une solution harmonieuse interviendra.

L'image

C'est une eau profonde que le conseil au coeur de l'homme. (Proverbes, 20:5.) Le "coeur", dans le I-Ching et dans la Bible, représente votre subconscient. Celui-ci est également symbolisé par l'"eau profonde". Vous pouvez puiser conseil dans votre eau profonde en affirmant ceci: "L'intelligence infinie me révèle la réponse et m'indique le chemin. Je suis le conseil qui m'est donné." N'oubliez pas que chaque problème se trouve dans votre esprit et que c'est dans votre esprit qu'il doit être résolu. Vous pouvez relever n'importe quel défi, car vous savez que, par votre confiance dans l'union avec la présence divine, toutes les choses deviennent possibles.

Les traits

Six au commencement signifie: ...*fie-toi à Yahvé qui te sauvera.* (Proverbes, 20:22.) "Yahvé", le Seigneur, symbolise la puissance et la sagesse de votre subconscient. "Se fier" veut dire: se détendre, se relaxer, cesser tout combat et toute opposition dans l'esprit. Priez: "Dans mes actions, je m'inspire de l'action juste de Dieu. Dieu qui est en moi révèle à mon conscient la prochaine démarche à suivre, au meilleur moment et de la meilleure manière. J'attends dans la foi et dans l'espérance, sachant que l'action juste me mènera au but."

Six à la deuxième place signifie: (Dieu) ...*a envoyé son Ange pour montrer à ses serviteurs ce qui doit arriver bientôt.* (Apocalypse, 22:6.) Les "serviteurs" sont vos pensées, vos idées, vos images mentales, vos désirs. Vous devez les respecter si vous voulez appliquer correctement les lois universelles de votre esprit. Affrontez votre problème, sachant qu'il sera surmonté. Malgré tous les obstacles, reposez-vous entièrement sur la puissance et la sagesse de Dieu: vous serez en sécurité. Grâce à cette attitude, vous serez protégé du danger.

Neuf à la troisième place signifie *...en toutes tes démarches, reconnais-Le et Il aplanira tes sentiers.* (Proverbes, 3:6.) Tournez-vous vers l'intérieur, vers la présence de Dieu en vous, et affirmez que c'est elle qui vous guide. Élevez-vous au-dessus de votre problème et reconnaissez que Dieu sait tout, qu'il prend soin de vous. C'est le moment pour vous de rester tranquillement à la maison et de faire confiance à la présence divine.

Six à la quatrième place signifie: *Grande paix pour les amants de ta loi, pour eux rien n'est scandale.* (Psaumes, 119:165.) Vous n'avez qu'une chose à faire: reconnaître la présence de l'intelligence, de la sagesse infinie dans votre subconscient. Acquittez-vous de vos tâches au mieux de vos possibilités et faites confiance à l'intelligence infinie qui est en vous pour vous guider. C'est le moment de vous en remettre tranquillement à Dieu. Vous attirerez les personnes qui vous aideront à atteindre votre but.

Neuf à la cinquième place signifie: *Un ami aime en tout temps...* (Proverbes, 17:17.) Votre meilleur ami dans ce monde, c'est Dieu. C'est lui qui vous a créé, c'est lui qui vous soutient à présent. Dieu n'abandonne jamais sa création. Unissez-vous à Dieu, rendez-vous compte qu'avec lui tout est possible et que vous pouvez tout faire grâce à la puissance de Dieu qui vous en donne la force. Vous attirerez les personnes qui vous aideront à réaliser vos projets.

Six en haut signifie: *Réconcilie-toi avec Lui et fais la paix*. (Job, 22:21.) Vous pouvez apprendre à connaître la présence de Dieu en vous mettant au diapason de l'Infini; vous sentirez alors l'immense courant de paix couler en vous. Vous êtes dans ce monde pour servir, en mettant à profit les dons que vous avez reçus. Vous feriez bien de demander avis et conseil à une personne en qui vous avez confiance et qui peut vous aider concrètement à réaliser votre désir. La réussite et la prospérité vous sont assurées.

40. *Hiai / La libération*

≡ ≡   **En haut Tchen, l'éveilleur, le tonnerre**

≡ ≡   **En bas K'an, l'insondable, l'eau**

Le jugement

...annoncer aux captifs la délivrance et... renvoyer en liberté les opprimés. (Luc, 4:18.) Il y a en vous une présence guérissante infinie, qui vous élève, qui vous rétablit et qui vous guide. Elle vous libère des servitudes et des contraintes, elle vous conduit sur l'auguste chemin de la liberté et de la paix de l'esprit. La loi et l'ordre divins agissent dans votre vie, et toutes vos actions seront justes.

L'image

Et quand vous êtes debout en prière, si vous avez quelque chose contre quelqu'un, remettez-lui... (Marc, 11:25.) Remettre, c'est pardonner, c'est souhaiter du bien à celui qui vous a offensé. Vous devez pardonner sincèrement, dans votre coeur, à ceux qui vous ont offensé, qui vous ont fait du mal, de sorte qu'en pensant à eux vous ne sentiez plus l'aiguillon de la rancune. Pardonner ne suppose pas que vous deveniez un "paillasson". La rancune et le désir de voir quelqu'un puni abîment votre âme et vous enchaînent à vos propres difficultés. Pardonnez-vous aussi d'avoir nourri des pensées de vengeances et de rancune. Si vous "relâchez" les autres de votre esprit, vous vous libérez vous-même et vous ouvrez les écluses pour laisser pénétrer dans votre vie le courant de l'amour et de la plénitude.

Les traits

Six au commencement signifie: *Dieu est Amour: celui qui demeure dans l'amour demeure en Dieu et Dieu demeure en lui.* (Jean, I, 4:16.) L'amour et la bienveillance redonnent vigueur et santé à votre corps, ils vous donnent l'inspiration, la paix intérieure et la sérénité; ils ouvrent la voie à votre épanouissement dans tous les domaines.

Neuf à la deuxième place signifie: *...les petits renards ravageurs de vignes.* (Cantique des Cantiques, 2:15.) Les "renards" indiquent des attitudes d'esprit rusées, sournoises, mensongères. Il ne faut pas que vous ayez des arrière-pensées de quelque sorte que ce soit. Souhaitez aux autres ce que vous souhaitez pour vous-même. Soyez convaincu que vous parviendrez à résoudre votre problème dans la sincérité et la bienveillance.

Six à la troisième place signifie: *Car quiconque s'élève sera abaissé, et celui qui s'abaisse sera élevé.* (Luc, 14:11.) Ne prétendez pas être ce que vous n'êtes pas. Vous ne pouvez posséder que ce que vous avez acquis en vertu d'une prise de conscience. Par conséquent, vous devez créer l'équivalent mental de ce que vous désirez être. Plus vous essayez, par l'agressivité, de gagner renommée, célébrité et considération auprès des autres, plus votre échec sera retentissant. Pour être quelqu'un, pour être considéré, il faut posséder de la valeur intérieure et du caractère. Quels que soient vos efforts conscients, les lois de votre subconscient vous mettent à la place qui vous revient, en fonction de ce que vous tenez pour vrai dans votre coeur.

Neuf à la quatrième place signifie: *...et sur le gros orteil de leur pied droit.* (Lévitique, 8:24.) Cette image est un avertissement: ne vous laissez pas dominer par vos cinq sens et ne prenez pas une mauvaise orientation spirituelle. Libérez-vous des apparences extérieures, du témoignage de vos cinq sens et des influences néfastes de l'esprit de masse; comprenez que Dieu est votre partenaire de choix. La présence de Dieu vous guide sur tous vos chemins. Vous trouverez les alliés et les aides qui vous sont nécessaires, selon l'ordre divin.

Six à la cinquième place signifie: *...que la foi sans les oeuvres est stérile.* (Jacques, 2:20.) Vous devez manifester votre foi en Dieu et en tout ce qui est bon. Prenez la décision irrévocable d'éliminer toutes les attitudes négatives qui subsistent dans votre esprit. Les pensées que votre esprit néglige et délaisse s'atrophient et finissent par mourir. Nourrissez votre subconscient d'images d'harmonie, de paix et de prospérité; c'est ainsi que vous ferez disparaître de votre vie les événements et les personnes indésirables.

Six en haut signifie: *...et les différentes espèces d'épervier...* (Deutéronome, 14:15.) L'épervier est un oiseau de proie. Cette image vous fait comprendre que vous ne devez pas exploiter les autres, que vous ne devez pas en faire votre proie. Un proverbe anglais dit que les gens prient ensemble le dimanche et s'exploitent mutuellement le lundi*. Libérez-vous

---

* Men *pray* together on Sunday and *prey* on each other on Monday.

de toutes les arrière-pensées et de toutes les intentions douteuses, et assurez-vous que toutes vos motivations et toutes vos actions s'inspirent de la Règle d'or et de la loi de l'amour. Alors toutes vos entreprises réussiront.

41. Souen/La diminution

≡ ≡   **En haut Ken, l'immobilisation, la montagne**

≡ ≡   **En bas Touei, le joyeux, le lac**

Le jugement

Il faut que Lui grandisse et que moi je décroisse. (Jean, 3:30.) Cela veut dire que la sagesse divine doit grandir, tandis que votre vision intellectuelle et matérialiste de la vie doit décroître. Dites-vous que votre intellect est oint par la sagesse de Dieu; alors vous emploierez votre pensée consciente, votre raison, à exécuter ce que les commandements divins vous dictent. Votre corps, votre environnement et les conditions exrtérieures de votre vie ne font que refléter vos pensées authentiques. Nourrissez votre esprit de pensées de bienveillance et de plénitude, ainsi ces habitudes de pensée trouveront une expression visible dans votre vie.

L'image

Mieux vaut un homme lent à la colère qu'un héros, un homme maître de soi qu'un preneur de villes. (Proverbes, 16:32.) Pour vivre une vie épanouie et heureuse, la maîtrise de soi est indispensable. La maîtrise de vos sentiments est une condition essentielle pour la maîtrise de vos pensées. Ce n'est qu'ainsi que vous trouverez l'équilibre et la paix. Ce n'est pas par la force de votre volonté ou par la contrainte que vous y parviendrez. Occupez votre esprit d'images d'harmonie et de bienveillance, et votre vie sera heureuse.

Les traits

Neuf au commencement signifie: *Terminez votre travail quotidien...* (Exode, 5:13.) Vous êtes ici pour vous réaliser pleinement, pour trouver votre vraie place dans la vie et pour contribuer avec vos talents au bien-être de l'humanité. Apporter une aide désintéressée aux autres est bien, à condition de les aider à pouvoir s'aider eux-mêmes. N'oubliez pas que tout homme doit apprendre à découvrir ses propres forces cachées, à se débrouiller seul et à résoudre lui-même ses problèmes. Celui qui reçoit trop facilement de l'aide extérieure perd son élan intérieur.

Neuf à la deuxième place signifie: *...tu assureras la paix, la paix qui t'est confiée.* (Isaïe, 26:3.) C'est le moment de concentrer votre attention sur le divin et d'écouter la voix intérieure de votre intuition. Agissez seulement quand votre esprit est parfaitement calmé et quand vous avez la certitude intérieure que l'action que vous avez projetée est juste. Vous devez être prudent en aidant une autre personne. Apprenez-lui à croire en Dieu et à percer les forces intérieures de son subconscient: après cela, il n'aura plus besoin d'aucune aide de votre part.

Six à la troisième place signifie: *Ne prenez rien pour la route...* (Luc, 9:3.) Dans votre coeur, ayez confiance en Dieu, où que vous alliez. Vous voyagez toujours d'un problème vers sa solution. Un tel voyage se décide toujours dans l'esprit d'abord. Gardez pour vous l'objet de votre prière, n'en parlez pas aux autres. Gardez pour vous vos intentions, apprenez à vous taire. Si vous entretenez les autres de vos projets et de vos désirs, il se peut que l'on se moque de vos prières ou que l'on essaie de vous détourner de vos convictions. Soyez conscient que Dieu est votre compagnon de route, que Dieu et sa sagesse feront que votre voeu le plus cher se réalisera. Alors tous vos projets finiront bien.

Six à la quatrième place signifie: *Purifie-moi du mal caché.* (Psaumes, 19:13.) Lorsque vous approuvez une idée, qu'elle soit bonne ou mauvaise, vous devez savoir que vous déposez cette idée dans votre subconscient, et ce dans la mesure où vous la ressentez sur le plan émotif. Vous effacez vos fautes en approuvant les idées d'amour, de bienveillance, et d'harmonie. Si vous vous imprégnez de ces attitudes positives, celles-ci se répercuteront dans votre expérience et vous seront ainsi bénéfiques à tous points de vue, tant social que matériel et personnel.

Six à la cinquième place signifie: *En effet, quiconque invoquera le nom du Seigneur sera sauvé.* (Romains, 10:13.) Le "nom" signifie la nature de Dieu. Dieu est tout-puissant, la seule puissance qui soit. Rien ne peut s'opposer à la Puissance suprême. Tournez-vous vers la présence de Dieu, calmement et en toute confiance, et affirmez que Dieu vous ouvre la voie, qu'il résout votre problème. Rappelez-vous que rien n'est impossible à Dieu: vous connaîtrez de grands bienfaits.

Neuf en haut signifie: *...mais celui qui donne la croissance: Dieu.* (Corinthiens, I, 3:7.) Dieu est l'origine de toutes choses. Rangez-vous du côté du Dieu unique et proclamez: "Dieu multiplie le bien en moi, ses richesses coulent en moi, librement et joyeusement." Plus vous donnez de sagesse, plus vous en aurez. Plus vous rayonnez d'amour et de bienveillance, plus vous en recevrez. Ce qui pour vous est une bénédiction, l'est aussi pour les autres. Si vous marchez sur cette terre en louant Dieu et en gardant dans votre coeur l'harmonie de Dieu, tous les gens seront bénis, parce que vous avez choisi cette voie.

42. Yi/L'augmentation

En haut Souen, le doux, le vent

En bas Tchen, l'éveilleur, le tonnerre

Le jugement

...*car Yahvé ton Dieu te bénira dans toutes tes récoltes et dans tous tes travaux, pour que tu sois pleinement joyeux.* (Deutéronome, 15:16.) Dieu vous guide et vous fait prospérer à tous les égards. Il serait avantageux pour vous de prendre une décision maintenant, une décision en vue de votre développement et de votre épanouissement personnels. Quelle que soit la chose que vous fassiez, elle réussira.

L'image

...*la joie de Yahvé est votre forteresse.* (Néhémie, 8:10.) La vie est une progression, un épanouissement sans fin. Pourtant cet avancement, cette escalade des échelons de la vie ne se fait pas sans interruptions. Nous avançons pendant quelque temps, puis nous essuyons un revers qui nous permet de consolider nos forces et notre sagesse en vue de la prochaine avance. Le vrai mouvement de la vie est un mouvement ascendant. Votre ascension sera d'autant plus rapide si vous vous en remettez à l'amour de Dieu.

Les traits

Neuf au commencement signifie: *Si Yahvé ne bâtit la maison, en vain peinent les bâtisseurs.* (Psaumes, 127:1.) Le succès véritable et l'accomplissement réel dans la vie proviennent de l'inspiration. La force et la sagesse de Dieu vous inspirent en ce moment. Il est parfaitement normal que vous travailliez d'arrache-pied, mais ne permettez pas que le travail vous pèse. Vous êtes inspiré par les forces du Ciel: tout ce que vous entreprenez maintenant, réussira admirablement.

Six à la deuxième place signifie: *Car le calcul qu'il fait en son coeur, c'est lui...* (Proverbes, 23:7.) Le "coeur" symbolise votre subconscient; "faire un calcul en son coeur" veut dire que les pensées et les idées qui sont assimilées sur le plan émotif et ressenties comme vraies seront concrétisées dans la vie. Contemplez le beau et le bien. Quand vous vous sentez en union avec Dieu, aucun pouvoir de la terre ne peut vous éloigner du bonheur et du succès.

Six à la troisième place signifie: *Arrêtez, connaissez que moi je suis Dieu...* (Psaumes, 46:11.) Rappelez-vous que Dieu est en vous. Lorsque vous subissez un revers ou une déception, considérez qu'il y a du bon. Chaque infortune porte en elle les germes d'une nouvelle fortune. Dites-vous que Dieu est à l'oeuvre en toute chose; l'événement se révélera un bienfait déguisé.

Six à la quatrième place signifie: *Ainsi donc, c'est à leurs fruits que vous les reconnaîtrez.* (Matthieu, 7:20.) Le secret de votre avancement réside dans votre conviction que tout ce que vous faites, vous le faites avec Dieu. Dans l'accomplissement de votre tâche, soyez sincère, travailleur, efficace et aimable. Les résultats vous surprendront. Les autres mettront leur confiance en vous, et vous serez élevé.

Neuf à la cinquième place signifie: *Soyez bons les uns pour les autres, ayez du coeur...* (Éphésiens, 4:32.) La bonté est un enfant de l'amour. L'amour et la bienveillance résident dans votre coeur. L'amour dissout tout ce qui ne lui ressemble pas. La bienveillance, la gentillesse de votre coeur est perçue intuitivement par les autres, et eux réagissent en conséquence. Un vieux dicton nous dit: si vous ne savez pas que faire, faites ce qui est bon. Des bienfaits merveilleux vous attendent. Tout le bien est à vous.

Neuf en haut signifie: *Mais c'est un devoir pour nous, les forts, de porter les faiblesses de ceux qui n'ont pas cette force et de ne point rechercher ce qui nous plaît. Que chacun d'entre nous plaise à son prochain pour le bien, en vue de l'édifier.* (Romains, 14:1-2.) Dans la vie privée aussi bien que dans la vie professionnelle, chaque homme a besoin du concours des autres. Le mari a besoin de la femme, les enfants ont besoin des parents, et vice-versa. Le chef d'entreprise ne peut se passer de ses collaborateurs et des clients, l'employé de l'employeur. C'est pourquoi toute attitude de suffisance est déplacée. Chaque homme a le devoir de promouvoir les autres avec intelligence, générosité, pondération et bienveillance. Prenez part activement à l'amélioration de la situation des autres. À tous ceux que vous rencontrez, adressez-vous avec bienveillance et gentillesse. Mettez-vous au diapason de l'Infini, et votre action sera juste. Si vous déviez de la loi divine, de l'harmonie, vous rencontrerez difficultés et pertes dans votre vie.

43. Kouai/La percée (la résolution)

En haut Touei, le joyeux, le lac

En bas K'ien, le créateur, le ciel

Le jugement

...dans... le calme... et la confiance était votre force... (Isaïe 30:15.) Dans le calme — de la prière — il n'y a pas de place pour l'effort, la violence ou la contrainte. Sur le plan spirituel, cela ne vous sert strictement à rien. Plus vous vous efforcerez, moins vous obtiendrez en définitive. La pression morale porte en elle le germe de l'échec. Détendez-vous, comprenez que vous pouvez vaincre le mal par le bien. Soyez conscient que l'amour de Dieu dissout tout ce qui ne lui ressemble pas. Cette attitude vous rend fort, vous atteindrez votre but.

L'image

Tel est prodigue et sa richesse s'accroît, tel amasse sans mesure et ne fait que s'appauvrir. (Proverbes, 11:24.) Plus vous donnez, plus vous aurez. C'est comme quand vous déposez des semences dans le sol. Celles-ci vous sont rendues au décuple et au centuple. Donnez intelligemment: assurez-vous que votre don soit bénéfique à l'humanité et qu'il contribue à son élévation. Vous donnerez ainsi de votre sagesse, de votre savoir et aussi de vos biens matériels. Ce que vous donnez, donnez-le au nom de Dieu.

Les traits

Neuf au commencement signifie: *Qui de vous, en effet, s'il veut bâtir une tour, ne commence par s'asseoir pour calculer la dépense et voir s'il a de quoi aller jusqu'au bout?* (Luc, 14:28.) Si vous désirez bâtir une maison et si vous avez la foi absolue que vous aurez l'argent nécessaire pour l'achever selon d'ordre divin, il en sera exactement ainsi. Cependant, vouloir croire quelque chose tout simplement parce qu'on aimerait posséder quelque chose, ce n'est pas la vraie foi.

Lorsque vous manquez de cette vraie foi inébranlable, il vaut mieux attendre d'avoir l'argent avant de commencer à construire.

Neuf à la deuxième place signifie: *Il n'y a pas de crainte dans l'amour; au contraire, le parfait amour bannit la crainte...* (Jean, I, 4:18.) La crainte est la foi mal orientée, la foi en des choses erronées; cette foi découle de la pensée négative. La crainte, c'est lirrétalement la foi à l'envers — ou Dieu à l'envers. Dieu est tout-puissant et Dieu est amour. "L'amour ne fait pas de mal." La crainte n'est qu'une fausse idée de votre part. Remplacez-la par la foi en Dieu et en tout ce qui est bien. Ainsi, lorsque la crainte frappera à la porte de votre esprit, il n'y aura personne pour lui ouvrir.

Neuf à la troisième place signifie: *Tu frappes à la joue tous mes adversaires...* (Psaumes, 3:8.) La "joue" représente votre conscient. Les ennemis, ce sont les pensées de crainte et de limitation dans votre conscient. Soyez inébranlable dans votre foi en Dieu. Reconnaissez que personne ne peut vous faire du mal, parce que vous êtes un fidèle serviteur du vrai et du bien.

Neuf à la quatrième place signifie: *Un nom est inscrit sur... sa cuisse: Roi des rois et Seigneur des seigneurs.* (Apocalypse, 19:16.) *Car je savais que tu es obstiné...* (Isaïe, 48:4.) La "cuisse" est une expression euphémique pour les organes génitaux de l'homme, le symbole phallique de la force créatrice de Dieu, qui agit dans l'homme. Lorsque vous manquez de foi et de confiance, vous hésitez, vous temporisez et vous ne pouvez plus avancer. Ne soyez pas obstiné. Le volontarisme ne saurait avoir de sens lorsqu'il s'agit de prier.

Neuf à la cinquième place signifie: *L'algue était enroulée autour de ma tête.* (Jonas, 2:6.) L'"algue" symbolise les pensées négatives et les peurs persistantes. Prenez une décision claire et nette, et refusez de céder la place aux pensées négatives. Si, néanmoins, celles-ci surgissent dans votre esprit, ce qui ne manquera pas d'arriver par la force de l'habitude, il faut les substituer aussitôt par des idées constructives. Après quelque temps, les pensées négatives n'auront plus aucun effet sur vous, et vous atteindrez votre but.

Six en haut signifie: *Mais celui qui aura tenu bon jusqu'au bout, celui-là sera sauvé.* (Matthieu, 24:13) Évitez les pensées de crainte, de doute et de rancune, car elles détruisent votre âme. Une discipline mentale constante est essentielle. Une vigilance permanente est le prix qu'il faut payer pour être libre de tout manque, de pertes et de limitations. Refuser cette persévérance équivaut à un échec.

44. Keou/Venir à la rencontre

≡≡≡ **En haut K'ien, le créateur, le ciel**

☰☷ **En bas Souen, le doux, le vent**

Le jugement

Ses cadets, le feu les dévora, ses vierges n'eurent pas de chant de noces. (Psaumes, 78:63.) Le "feu" figure la passion et la convoitise. Le mariage contracté pour d'autres raisons que l'amour n'est pas un vrai mariage. C'est l'amour divin qui devrait unir deux coeurs, et ceux-ci devraient s'harmoniser entre eux. La "vierge" symbolise aussi votre âme. Si vous avez des arrière-pensées, vous ne devriez pas contracter mariage. Tout contrat doit être fondé sur l'honnêteté et satisfaire les deux parties.

L'image

Le vent souffle où il veut... (Jean, 3:8.) Voyez dans le "vent" l'évolution de votre esprit. Ce que vous affirmez et ressentez comme étant réel se concrétisera dans votre vie.

Les traits

Six au commencement signifie: *J'ai subi une leçon qui m'outrage, mais mon esprit me souffle la réponse.* (Job, 20:3.) Les "leçons", c'est-à-dire les critiques et les reproches, bloquent le bien en vous et vous occasionnent des pertes. Renoncez à cette attitude néfaste et remplacez-la par l'amour et la bienveillance envers tout le monde.

Neuf à la deuxième place signifie: *...ou encore, s'il lui demande un poisson...* (Matthieu, 7:10.) Votre domaine de pêche, c'est votre subconscient. Si vous priez pour une solution, une réponse, en étant calme et réceptif, le "poisson" — la réponse, la solution, l'idée — remontera de votre subconscient au niveau de votre conscience. Tâchez que ce poisson soit amour, paix et bienveillance, et que vous rayonniez partout autour de vous.

Neuf à la troisième place signifie: *Un nom est inscrit sur... sa cuisse...* (Apocalypse, 19:16.) La "cuisse" symbolise de manière euphémique les organes génitaux de l'homme. Vous êtes perturbé par des conditions extérieures. Dirigez vos émotions à nouveau dans les canaux divins et retournez sur le chemin de l'action juste.

Neuf à la quatrième place signifie: *Apportez de ces poissons que vous venez de prendre.* (Jean, 21:10.) Pensez de telle manière que votre subconscient vous livre la ligne de conduite divine, l'action juste et l'harmonie telles que le domaine de pêche, les poissons. Ainsi vous encouragez la collaboration loyale des personnes dont vous avez besoin.

Neuf à la cinquième place signifie: *Ah! quel souvenir! le poisson que nous mangions..., les melons...* (Nombres, 11:5.) Les melons sont parmi les fruits après lesquels languissait le peuple d'Israël dans le désert. L'homme languit après l'amour, la joie, la paix. Rayonnez la bienveillance envers tout le monde. Ce que vous rayonnez vous reviendra au multiple.

Neuf en haut signifie: *Ce sont les cornes qui ont dispersé Juda...* (Zacharie, 2:2.) Les "cornes" représentent des armes et Juda symbolise l'exaltation de Dieu. Ne combattez plus dans votre esprit certaines conditions et situations, sinon vous dispersez vos forces et vous diminuez votre vitalité. Exaltez Dieu.

45. Ts'ouei/Le rassemblement (le recueillement)

☱ **En haut Touei, le joyeux, le lac**

☷ **En bas K'ouen, le réceptif, la terre**

Le jugement

...combien de fois ai-je voulu rassembler tes enfants à la manière dont une poule rassemble ses poussins sous ses ailes... (Matthieu, 23:37.) Rassemblez vos pensées et vos désirs et soyez conscient que vous êtes en présence de Dieu. Comme la poule protège ses poussins sous ses ailes, ainsi Dieu vous protégera, vous guidera et vous gardera, aussitôt que vous vous serez décidé à mettre votre entière confiance en Lui, l'Esprit vivant et tout-puissant.

L'image

...par la connaissance de notre Seigneur. (Pierre, I, 1:2.) La conviction que Dieu vous guide avec son immense sagesse dans toutes vos décisions devrait constituer l'idée maîtresse de votre esprit. Dites-vous que vous êtes divinement guidé, et *croyez-le* sincèrement. Même si, pendant un certain temps, rien ne va comme vous le souhaitez, soyez assuré que le résultat final sera bon, dans la mesure où vous croyez réellement dans votre coeur ce que vous affirmez. Faites ce qui vous paraît être juste en ce moment, tenez compte de toutes les circonstances; alors votre sentiment d'agir justement se transformera en action juste.

Les traits

Six au commencement signifie: *...pourvu que nous gardions l'assurance et la joyeuse fierté de l'espérance ferme jusqu'à la fin.* (Hébreux, 3:6.) Soyez fidèle jusqu'au bout. Soyez confiant: la sagesse divine vous conduit tout au long de votre chemin. N'hésitez pas, ne chancelez pas, cela vous mettrait dans un état d'indécision. Dans votre esprit, représentez-vous très vivement l'issue heureuse, et les forces de votre subconscient réagiront positivement à votre attitude positive.

Six à la deuxième place signifie: *...puis tout fut de nouveau retiré dans le ciel.* (Actes, 11:10.) Le "ciel" représente votre esprit en équilibre et en accord avec l'Infini. La loi de l'attraction agit en votre faveur. Elle attire à vous toutes les personnes qui sont sur la même longueur d'onde que vous. Faites confiance au principe de l'action juste, et vos entreprises réussiront.

Six à la troisième place signifie: *La joie et l'allégresse les accompagneront, la douleur et les plaintes cesseront.* (Isaïe,

35:10.) Dans des moments de douleur et de chagrin, vous devriez garder à l'esprit que tout passe. Gardez votre équilibre. Unissez-vous à la présence de Dieu en vous et sachez que vous vous trouvez toujours à la bonne place, que vous réalisez les oeuvres de celui qui est avec vous. Maintenant votre action est juste; elle plaît à Dieu.

Neuf à la quatrième place signifie: *Je suis heureuse de la visite de Stéphanas, de Fortunas...* (Corinthiens, I, 16:17.) "Stéphanas" indique que vous portez la couronne de la victoire; "Fortunas" exprime que vous serez comblé à présent de richesses intellectuelles, spirituelles et matérielles.

Neuf à la cinquième place signifie: *...avec ceux qui l'aiment, Dieu collabore en tout pour leur bien...* (Romains, 8:28.) Vous aimez Dieu lorsque vous refusez de donner le moindre pouvoir aux choses extérieures ou aux autres personnes. Dieu est l'Esprit vivant et tout-puissant. Aucune autre puissance ne peut s'opposer à la sienne. Adhérez à ce principe et même ceux qui ne sont pas d'accord avec vous, seront obligés de vous honorer et de vous faire du bien.

Six en haut signifie: *Dieu... essuiera toute larme de leurs yeux.* (Apocalypse, 21:4.) Vos larmes sècheront. Tout passe hormis Dieu, et Dieu seul suffit. Abandonnez-vous à la présence de Dieu en vous et reconnaissez que ce Dieu est à l'oeuvre partout. Votre vie sera faite d'harmonie et de paix.

46. Cheng/La poussée vers le haut

≡ ≡   **En haut K'ouen, le réceptif, la terre**

≡ ≡   **En bas Souen, le doux, le vent, le bois**

Le jugement

Qui sait si le souffle de l'homme monte vers le haut?...
(Ecclésiaste, 3:21.) Le souffle, l'esprit de Dieu vous anime,
vous soutient et vous fortifie. Soyez convaincu que Dieu vous
conduira vers la personne qui sera de bon conseil et de grand
secours pour vous. Toutes vos entreprises réussiront admirablement bien.

L'image

*Que jubile la campagne, et tout son fruit, que tous les
arbres des forêts crient de joie.* (Psaumes, 96:12.) Par leurs
racines, les arbres absorbent du sol l'humidité et tous les
agents nutritifs dont ils ont besoin pour leur croissance. Et
tous les arbres poussent vers le haut, vers le ciel. Lorsque vous
allez de l'avant avec foi et confiance, vous absorbez également
tout ce qui est nécessaire à la "croissance" de vos projets.
Vous connaîtrez un grand succès.

Les traits

Six au commencement signifie: *Dans... le calme et... la
confiance était votre force...* (Isaïe, 30:15.) Quels que soient
vos projets, avancez avec la conviction absolue que de grands
bienfaits vous attendent en ce moment.

Neuf à la deuxième place signifie: *...et servez-le dans la
perfection en toute sincérité.* (Josué, 24:14.) En étant exempt
de fourberie, de tromperie, de toute intention de rouler les
autres, et en adhérant à l'honnêteté, à la sincérité et à la
justice, vous augmentez vos chances de réussite. Renoncez au
moindre pour obtenir le plus grand. Au lieu de parler sur un
ton agressif, commencez à parler aimablement.

Neuf à la troisième place signifie: *...il ne refuse pas le
bonheur à ceux qui marchent en parfaits.* (Psaumes 84:12.)

Lorsque vous avancez avec joie et confiance, les forces de Dieu travaillent pour vous et vos entreprises seront assurées de succès.

Six à la quatrième place signifie: *...que je chante à Yahvé pour le bien qu'il m'a fait...* (Psaumes, 13:6.) Continuez à progresser, soyez joyeux et heureux, remerciez Dieu pour tous ses bienfaits. Vous serez honoré et considéré.

Six à la cinquième place signifie: *...et portent du fruit par leur constance.* (Luc, 8:15.) Lorsque vous devez attendre, ne soyez pas impatient et agité. Dans des conditions difficiles, gardez votre courage. Toute croissance se fait par étapes. C'est l'homme à l'esprit calme, paisible et confiant qui fait avancer les choses. Vous progresserez merveilleusement selon l'ordre divin, même si c'est par paliers.

Six en haut signifie: *...pour illuminer ceux qui demeurent dans les ténèbres..., afin de guider nos pas dans le chemin de la paix.* (Luc, 1:79.) Les ténèbres sont absence de lumière. La lumière symbolise la voix de la sagesse infinie en vous. Cette voix connaît le chemin pour vous sortir des ténèbres — qui ne sont autre chose que vos difficultés et vos problèmes. Ayez la certitude absolue que l'intelligence infinie de votre subconscient vous guide sur tous vos chemins. Accceptez cette grande vérité: tous les problèmes sont résolus selon l'ordre divin. Ne combattez pas les problèmes ou les difficultés dans votre esprit, cela ne ferait qu'aggraver les choses. Suivez la ligne de conduite qui vous est indiquée de l'intérieur. Celle-ci favorisera toujours la paix, jamais la confusion.

47. K'ouen/L'accablement (l'épuisement)

☱	**En haut Touei, le joyeux, le lac**
☵	**En bas K'an, l'insondable, l'eau**

Le jugement

Si tu te laisses abattre au jour mauvais, ta vigueur est peu de chose. (Proverbes, 24:10.) Faites face calmement à tous les problèmes et à tous les défis de la vie. La puissance de Dieu en vous vous fera découvrir les forces de votre subconscient. Vous pourrez vous rendre compte que le fait de vaincre des difficultés apporte joies et satisfactions. Il existe en vous une force bien plus puissante que tout ce qui vient de l'extérieur. Soyez calme et confiant: vous ne manquerez pas de sortir de vos difficultés.

L'image

...alors, ses eaux tarirent... (Apocalypse, 16:12.) Si vous n'êtes pas au diapason de l'Infini, si vous manquez de vous désaltérer avec l'inspiration, la foi, la confiance et le courage — ce qui n'est possible que si vous vous alignez sur l'Infini — alors "vos eaux se sont taries". Vous devez recharger vos batteries spirituelles, avoir une confiance absolue en la présence de Dieu... *qui refait mon âme...* (Psaumes, 23:6.)

Les traits

Six au commencement signifie: *N'allez pas vous fier à la violence...* (Psaumes, 62:11.) Lorsque vous pensez que l'on vous a fait violence, que l'on vous a fait du tort ou que vous êtes déprimé ou triste, souvenez-vous que ressasser ces pensées ne ferait qu'augmenter vos misères. En effet, tout ce qui occupe votre attention est amplifié par votre subconscient. S'il s'agit de choses négatives, l'échec en sera la conséquence. Allez trouver une personne de confiance et demandez-lui conseil.

Neuf à la deuxième place signifie: *Car le règne de Dieu n'est pas affaire de nourriture ou de boisson, il est jus-*

tice, paix et joie dans l'Esprit-Saint. (Romains, 14:17.) Malgré une abondance de mets recherchés, vous pouvez être malade, frustré et malheureux. Il faut que vous preniez régulièrement de la nourriture spirituelle sous forme de prière: nourrissez-vous de pensées d'harmonie, de paix, de joie, d'amour et d'inspiration. Ne mettez votre projet en pratique que lorsque vous vous y serez préparé par la prière et que vous aurez acquis la certitude dans votre coeur qu'il est juste et bon.

Six à la troisième place signifie: *Il produira pour toi épines et chardons...* (Genèse, 3:18.) *...Enlevez la pierre!* (Jean, 11:39.) Voyez dans la "pierre" une attitude dure, rigide, opiniâtre, inflexible, qui repose sur l'ignorance, la peur et la superstition. Mais la pierre pourrait indiquer également un état dépressif aigu que vous ne voulez pas vous avouer. Les "épines" et les "chardons" figurent des sentiments d'irritation et de rancune qui sapent votre enthousiasme et votre énergie. Une telle attitude attire l'échec et les dommages. Vous devez vous pardonner, ainsi que pardonner aux autres, avant de pouvoir prétendre à la guérison.

Neuf à la quatrième place signifie: *Rachète-moi de la torture de l'homme...* (Psaumes, 119:134.) Vous serez délivré de vos soucis et de vos problèmes si vous vous fiez à la bonne "instance", c'est-à-dire à la présence de Dieu en vous qui sait tout, qui voit tout et qui connaît le chemin qui conduit à l'accomplissement. Affirmez ceci: "Dieu me conduit sur tous mes chemins et la force du Tout-Puissant me soutient." Vous atteindrez votre objectif selon l'ordre divin.

Neuf à la cinquième place signifie: *...ils t'attacheront le nez et les oreilles...* (Ézéchiel, 23:25.) Vous ne devriez pas vous fier à vos cinq sens, mais à votre voix intérieure. C'est alors que vous saurez distinguer le juste du faux. Puisqu'il n'existe qu'une seule puissance — l'Esprit vivant, l'esprit de l'Esprit de Dieu — adressez-vous à cette puissance. Les ombres fuiront.

Six en haut signifie: *Ne vous souvenez plus des événements anciens, ne pensez plus aux choses passées...* (Isaïe, 43:18.) Oubliez le passé. Le passé est mort. Ce qui importe, c'est le moment présent. Ne pensez plus aux rancunes et aux blessures du passé. Si vous le faites, vous serez à nouveau "contaminé". L'avenir est votre pensée actuelle devenue visible. Pardonnez-vous d'avoir nourri des pensées négatives et pardonnez aussi aux autres. Changez votre façon de penser actuelle une fois pour toutes et vous changerez votre destin.

48. *Tsing / Le puits*

En haut K'an, l'insondable, l'eau

En bas Souen, le doux, le vent, le bois

Le jugement

...tu n'as rien pour puiser, et le puits est profond. (Jean 4:11.) Le "puits", c'est votre subconscient dont vous pouvez puiser tout ce que vous voulez. La corde par laquelle vous remontez le seau, c'est votre foi, votre confiance en la sagesse infinie de votre subconscient qui répond tout naturellement à votre conviction. Lorsqu'il vous manque la conviction, l'accès à votre subconscient vous est refusé.

L'image

David demeura à Horsha... (Samuel, I, 23:18.) Voyez en "David" un homme qui reconnaît la présence de Dieu en son intérieur et qui lui est fidèle. Vous aussi, soyez-lui fidèle, et puiser dans le puits de votre subconscient inspiration, joie et courage.

Les traits

Six au commencement signifie: *Quiconque boit de cette eau aura soif à nouveau; mais qui boira de l'eau que je lui donnerai n'aura plus jamais soif; l'eau que je lui donnerai deviendra en lui une source d'eau jaillissant en vie éternelle.* (Jean, 4:13-14.) Beaucoup de gens ne savent pas où se trouve l'eau de la vie éternelle. Cette "eau" est la force vivifiante des valeurs spirituelles. L'homme cherche la sécurité, la paix et le bonheur en dehors, dans le monde extérieur; en faisant cela, il ne parviendra jamais à étancher sa soif. En réalité, ces qualités de notre existence viennent de notre intérieur. La pensée négative engendre une attitude générale de peur et des sentiments négatifs. Remplacez-les par l'amour divin.

Neuf à la deuxième place signifie: *...donne-moi cette eau, afin que je n'aie plus soif...* (Jean, 4:15.) Le puits d'où provient cette eau se trouve dans votre intérieur. C'est de là que vous viennent la sagesse et le pouvoir. Celui à qui manque cette "eau" restera dans la confusion et dans le malheur.

Neuf à la troisième place signifie: *...et Il t'aurait donné de l'eau vive.* (Jean, 4:10.) L'"eau vive" symbolise l'inspiration, la sagesse, la guérison, le conseil et tout ce qui est nécessaire pour vous désaltérer spirituellement. Commencez dès maintenant à boire du puits de la vie qui se trouve en vous.

Six à la quatrième place signifie: *Source de vie: la bouche du juste...* (Proverbes, 10:11.) En persévérant à contempler les choses vraies, bonnes, nobles et belles, vous changerez progressivement les schémas négatifs de votre subconscient. Aussitôt que vous commencez à penser "constructivement" et en fonction des vérités éternelles, vous

vous rendez compte qu'un changement progressif se produit en vous.

Neuf à la cinquième place signifie: *Ah! vous tous qui avez soif, venez vers l'eau... venez, achetez sans argent, sans payer, du vin et du lait.* (Isaïe, 55:1.) Commencez à vous mettre au diapason de l'Infini en vous, puis demandez inspiration, amour, harmonie et orientation divine — c'est alors que vous boirez l'eau de la vie éternelle du puits qui ne se dessèche jamais. Maintenant tout agit en votre faveur

Six en haut signifie: *De l'eau fraîche pour une gorge altérée: telle est une bonne nouvelle venant d'un pays lointain.* (Proverbes, 25:25.) Vous êtes "altéré" spirituellement lorsque vous manquez de joie, de paix, d'inspiration et de confiance. Affirmez que l'eau vive de la sagesse, de la joie, de l'harmonie et de l'amour vous désaltère. Toutes vos entreprises réussiront merveilleusement bien.

49. Ko/La révolution (la mue)

≡ ≡   **En haut Touei, le joyeux, le lac**

≡ ≡   **En bas Li, ce qui s'attache, le feu**

Le jugement

Et ne vous modelez pas sur le monde présent, mais que le renouvellement de votre jugement vous transforme... (Romains, 12:2.) En abandonnant vos vieilles croyances et opinions erronées, en introduisant dans votre esprit les principes et vérités de la vie qui sont les mêmes aujourd'hui qu'hier, et qui seront encore les mêmes demain, vous progresserez dans tous les domaines. Nourrissez votre subconscient avec des schémas de pensées qui inspirent la vie: des miracles se produiront dans votre existence.

L'image

...et celui qui ne se trouva pas inscrit dans le livre de vie, on le jeta dans l'étang de feu. (Apocalypse, 20:15.) Le "livre de vie" est encore un autre symbole pour votre subconscient: que vous le vouliez ou non, vous y inscrivez sans cesse vos impressions, vos idées et vos convictions, qu'elles soient bonnes ou mauvaises. L'"étang de feu" représente votre conscience, les flammes cinglantes de la peur, de la culpabilité et de l'hostilité qui tourmentent l'âme de l'homme. Vous dissolvez à présent ces sentiments négatifs dans la contemplation de l'harmonie et de l'amour divins. Le courant de paix de Dieu coule dans votre coeur. Vous apportez ordre et harmonie dans votre esprit, dans votre corps et dans votre vie.

Les traits

Neuf au commencement signifie: *Il arrivera, en ce jour-là, que chacun élèvera une génisse...* (Isaïe, 7:21.) La "génisse" est un symbole pour celui de vos désirs inconscients qui vous nourrirait si vous en étiez conscient. Une génisse, une vache donne du lait; elle représente la nourriture, la tranquillité et la paix de l'âme. Pour le moment, restez calme et attendez, nourrissez le désir de votre coeur avec foi et confiance, ainsi vous le réaliserez petit à petit et vous finirez par atteindre votre but.

Six à la deuxième place signifie: *Vois! Aujourd'hui même Je t'établis sur les nations... pour arracher et renverser, pour exterminer et démolir, pour bâtir et planter.* (Jérémie, 1:10.) Cela veut dire que vous devez procéder énergiquement et résolument en vue d'exterminer toutes les attitudes et opinions destructrices et erronées. Alors, votre vie personnelle et professionnelle changera radicalement. Une véritable révolution se déclenchera en vous. Vous affronterez vos problèmes avec la foi en Dieu et vous les vaincrez.

Neuf à la troisième place signifie: *De toute votre inquiétude, déchargez-vous sur Lui, car Il a soin de vous.* (Pierre, I, 5:7.) *...celui qui s'y fie ne sera pas ébranlé.* (Isaïe, 28:16.) Moins vous vous forcez dans votre prière, mieux cela vaut — tout comme, lorsque vous nagez dans la mer, vous ne vous débattez pas violemment et avec effort pour rester à la surface. Tournez-vous plein de foi vers l'intelligence créatrice en vous et ne laissez pas le doute s'emparer de vous. Affirmez avec insistance que c'est la sagesse infinie de Dieu qui vous montre le chemin et croyez-le. Que votre prière soit une communion tranquille avec Dieu qui est en vous, qu'elle se fasse sans hâte et sans précipitation. N'oubliez pas que rien n'est impossible à Dieu. Attendez les résultats, et les résultats viendront.

Neuf à la quatrième place signifie: *Car voici que Je vais créer des cieux nouveaux et une terre nouvelle, on ne se souviendra plus du passé, il ne reviendra plus à l'esprit.* (Isaïe, 65:17.) Les "cieux nouveaux" sont l'esprit tourné vers Dieu et les vérités de la vie, d'où naîtra tout naturellement une "terre nouvelle", c'est-à-dire de nouvelles conditions de vie. Votre environnement immédiat change lui aussi selon votre nouvelle attitude mentale. Vous avez, à présent, instauré un nouveau règne dans votre esprit — et votre règne sera bénéfique.

Neuf à la cinquième place signifie: *Oui, moi, Yahvé, Je ne varie pas...* (Malachie, 3:6.) Dieu ne change jamais. Il est présent aujourd'hui, comme il l'était hier et le sera demain.

Mais c'est vous qui changerez en contemplant la présence de Dieu. Votre coeur s'emplit d'amour divin, lorsque vous pensez et sentez l'amour de Dieu et que vous le rayonnez envers tous les autres. Ainsi vous expérimenterez sur vous-même l'amour de Dieu, qui résout tous les problèmes et qui vous permet d'aider les autres de même qu'ils vous aident.

Six en haut signifie: *...la panthère se couchera avec le chevreau. Le veau, le lionceau et la bête grasse iront ensemble, conduits par un jeune garçon.* (Isaïe, 11:6.) L'image de la panthère et du lionceau au milieu d'animaux domestiques est un symbole de la beauté et de l'harmonie. Comme le "jeune garçon", votre nouvelle vision des choses est encore jeune. Mais sous la conduite de Dieu votre esprit change. Il se remplit d'harmonie, de beauté, de paix et de compréhension. Tout agit à présent en votre faveur.

50. Ting/Le chaudron

≡ ≡   **En haut Li, ce qui s'attache, le feu**

≡ ≡   **En bas Souen, le doux, le vent, le bois**

Le jugement

Ses naseaux crachent de la fumée, comme un chaudron... (Job, 41:12.) Voyez dans la "fumée" qui sort du "chaudron" (de votre subconscient) votre exaltation, votre enthousiasme. L'esprit qui est en vous est l'esprit de Dieu. C'est lui qui vous inspire. Pas conséquent, tout vous réussira.

L'image

...les vases à cendres, les chandeliers... (Jérémie, 52:19.)
On dit que l'homme "est la lumière du Seigneur", ce qui
exprime qu'à tout moment vous devez rayonner votre
lumière — votre sagesse — comme un chandelier. Dites-vous
que Dieu vous guide, et vos actions seront justes.

Les traits

Six au commencement signifie: *...et elle (la ville), c'est la
marmite, mais je vous en ferai sortir.* (Ézéchiel, 11:7.) La ville,
la "marmite' ou le "chaudron", c'est votre esprit. Comme on
nettoie une ville, vous devez aussi nettoyer votre esprit régulièrement et systématiquement. Donnez-vous une transfusion
de foi, de confiance, d'amour, de joie et de bienveillance.
C'est ainsi que vous éliminerez tous les schémas négatifs de
votre subconscient. L'inférieur est toujours dépendant du
supérieur. Vous êtes en route vers de grandes réalisations.

Neuf à la deuxième place signifie: *Mais s'il reste
impassible, qui le condamnera?...* (Job, 34:29.) Unissez-vous
à la présence de Dieu en vous. Reconnaissez que rien ne peut
vous blesser, car seul avec Dieu on est en majorité. Lorsque,
par envie ou par jalousie, quelqu'un dit du mal de vous, il ne
peut pourtant pas vous blesser, car, vous le savez, les pensées
et les sentiments négatifs n'ont pas de pouvoir sur vous. Votre
propre pensée est créatrice et elle est tournée vers Dieu. Vous
êtes dans une période de grand succès et de prospérité.

Neuf à la troisième place signifie: *Où est Yahvé? les
dépositaires de la Loi ne m'ont pas connu...* (Jérémie, 2:8.)
"Yahvé", c'est Dieu, l'esprit universel auquel vous participez
dans votre subconscient. Vous portez en vous toute la sagesse,
la force et l'intelligence dont vous avez besoin pour vivre une
vie heureuse et épanouie. Cependant, vous n'exploitez pas

bien ces forces qui vous sont offertes par Dieu. Commencez à puiser dans votre richesse intérieure, et priez Dieu qu'il vous guide, qu'il vous donne harmonie et abondance dans votre vie. Dites-vous:"Pour moi, Dieu fait pleuvoir les bienfaits du ciel." Alors, vous connaîtrez le succès et la prospérité.

Neuf à la quatrième place signifie: *...pour que ne soit pas enfreinte la Loi de Moïse...* (Jean, 7:23.) La Loi de Moïse veut dire ceci: vous êtes ce que vous croyez; ce que vous pensez et croyez, vous le créez. Pour atteindre votre but, il faut que vous ayez la foi nécessaire. Les sentiments d'infériorité et de culpabilité ne font qu'attirer pertes et dommages. Pour réussir, il faut que vous ayez le respect de vous-même et de la confiance en vous-même. La négligence à l'égard des valeurs de la vie entraîne l'échec.

Six à la cinquième place signifie: *Tu lui feras deux anneaux d'or...* (Exode, 30:4.) L'or symbolise la puissance, la pureté, un ciel dégagé et du beau temps, autrement dit: une atmosphère spirituelle et émotionnelle, pure. Un anneau symbolise l'amour, la paix, l'union avec Dieu. À cause de sa forme circulaire, l'anneau est aussi un symbole de l'Infini et de l'amour de Dieu. Le moment est venu où votre conscient et votre subconscient se sont mis d'accord pour aller dans le sens de l'harmonie, de la santé et de l'action juste. En continuant dans cette voie, vous rallierez, grâce à la loi de l'attraction, des personnes qui pourront vous aider à réaliser le désir de votre coeur.

Neuf en haut signifie: *...deux anneaux d'or...* (Exode, 28:23.) L'or figure la puissance de Dieu. Dès lors, si vous vous identifiez aux valeurs spirituelles de la vie, vous réussirez sur toute la ligne.

51. Tchen/L'éveilleur
(l'ébranlement, le tonnerre)

☳ **En haut Tchen, l'éveilleur, le tonnerre**

☳ **En bas Tchen, l'éveilleur, le tonnerre**

Le jugement

Yahvé... fit tonner et pleuvoir le jour même... (Samuel, I, 12:18.) Le tonnerre fait beaucoup de bruit, parfois il nous saisit, mais après vient la pluie. *Je ferai pleuvoir pour vous du pain du haut du ciel.* (Exode, 16:4.) Dieu vous guide: les bienfaits suivront.

L'image

...j'entendis... crier comme d'une voix de tonnerre... (Apocalypse, 6:1.) La "voix de tonnerre" représente, psychologiquement parlant, un mouvement dans votre intérieur qui annonce un nouveau commencement: vous passez de l'état inconditionné à l'état conditionné. Gardez la conviction ferme que la loi et l'ordre divins régissent votre vie.

Les traits

Neuf au commencement signifie: *Voix de ton tonnerre dans le ciel... la terre s'agitait et tremblait.* (Psaumes, 77:19.) Le "ciel" c'est l'invisible, c'est votre esprit. Le tonnerre dans votre esprit indique un grand changement dans votre vie. N'ayez crainte: tout passe. Après la tempête vient le calme. Vous connaîtrez joies et bienfaits.

Six à la deuxième place signifie: *Et la terre s'ébranla et chancela...* La "terre" représente votre corps, votre environnement et vos conditions de vie, bref votre monde extérieur. Lorsque vous êtes bouleversé ou perturbé, que vous avez subi un revers ou des pertes, ne combattez pas ces situations ou ces expériences dans votre esprit. Ce que l'on possède, on le possède dans l'esprit; ainsi on ne peut perdre que ce que l'on perd dans son esprit. Dites-vous: "Je me sens uni à mes richesses et à mes biens. Je suis profondément convaincu que tout ce que j'affirme et que je perçois comme étant vrai et réel se réalisera selon l'ordre divin." Tout ce que vous avez perdu, vous sera rendu.

Six à la troisième place signifie: *...la terre trembla, les cieux même fondirent...* (Psaumes, 68:9.) La "terre" symbolise les choses extérieures, votre vie matérielle. Même si tout "tremble", que ce soit parce que vous tombez malade ou que vous subissez une perte financière, vous ne serez pas pris de peur. Dites-vous en toute confiance: "Dieu est mon refuge et ma forteresse. Dieu est mon secours toujours présent. Dieu sait tout et il prend soin de moi. Dieu apporte la solution divine." Votre prière sera entendue.

Neuf à la quatrième place signifie: *Que Dieu se lève, et ses ennemis se dispersent...* (Psaumes, 68:2.) Les "ennemis" sont vos doutes, vos craintes, votre condamnation de vous-même, la malveillance et la colère. "Que Dieu se lève" veut dire que vous devez louer la sagesse et la puissance de Dieu pour que celles-ci se soulèvent en vous et dispersent les "ennemis" dans votre intérieur.

Six à la cinquième place signifie: *...les païens mugissaient, les royaumes chancelaient...* (Psaumes, 46:7.) Les "païens" représentent vos propres pensées, vos craintes, vos doutes, les négations de tout genre qui vous assaillent et qui donnent lieu aux confusions et aux dépressions. Contemplez sans cesse l'harmonie et l'amour divins, et vous serez libéré. Vous connaîtrez à nouveau l'équilibre et la sérénité.

Neuf en haut signifie: *Arrêtez, connaissez que moi Je suis Dieu, exalté parmi les païens, exalté sur la terre!* (Psaumes, 46:11.) Ne vous abandonnez pas à vos soucis, n'accusez pas le sort. Détournez-vous résolument des turbulences et des confusions intérieures, contemplez l'amour et l'harmonie de Dieu qui guérissent tout. C'est le moment de rester tranquille et de mettre votre confiance en Dieu — une solution divine interviendra. Ne vous laissez pas troubler par les autres.

52. Ken / L'immobilisation, la montagne

☰☰   **En haut Ken, l'immobilisation, la montagne**

☰☰   **En bas Ken, l'immobilisation, la montagne**

Le jugement

Arrêtez, connaissez que Je suis Dieu... (Psaumes, 46:11.) La contemplation calme de Dieu est l'action la plus puissante qui soit. Concentrez votre attention sur la présence de Dieu en vous, fermez vos yeux, détendez-vous, mettez-vous à l'aise. À présent, pensez uniquement à l'harmonie, à la paix, à la beauté et à la majesté du Dieu unique. Reconnaissez que Dieu est amour sans limites, harmonie absolue et sagesse infinie. En faisant cela, vous sentirez en vous un courant d'amour immense et vous progresserez sur tous les plans.

L'image

...ta justice, comme les montagnes de Dieu... (Psaumes, 36:7.) Les "montagnes " représentent, dans le I-Ching comme dans la Bible, la pensée spirituelle ou la contemplation de Dieu. La "justice" est la pensée juste. Considérez votre projet sous tous les aspects, pensez-y avec calme et intérêt. Soyez convaincu que Dieu vous inspire de faire ce qui est juste. Alors, vous ferez précisément ce qui est juste.

Les traits

Six au commencement signifie: *Les doigts des pieds, partie fer et partie argile de potier...* (Daniel, 2:42.) Les "doigts des pieds" représentent l'entendement des lois de l'esprit. Le "fer" et l'"argile" symbolisent les idées fortes et les idées faibles (les idées faibles étant les hésitations et les tergiversations). Soyez calme, recueillez-vous, mettez-vous au diapason de la sagesse infinie, continuez à penser, à sentir et à agir correctement, et vous atteindrez votre but.

Six à la deuxième place signifie: *...car rien n'est impossible à Dieu.* (Luc, 1:37.) Si vous avez l'impression de ne pas venir à bout de vos ennuis et de vos difficultés, mettez vos soucis entre les mains de Dieu et dites-vous: "Dieu réglera à la perfection ce qui me préoccupe." Refusez de faire tout ce qui va à l'encontre de la bonté, de la vérité, de la beauté ou de la sincérité.

Neuf à la troisième place signifie: *...il la frappa à l'emboîture de la hanche...* (Genèse, 32:26.) Dans le I-Ching comme dans la Bible, "la hanche" symbolise les organes génitaux et vos désirs sexuels. Le refoulement ou la répression de vos instincts ou impulsions n'est pas une solution, car cela ne ferait que créer des conflits intérieurs. Tous vos instincts et vos désirs doivent être canalisés dans des voies agréables à

Dieu. L'acte sexuel devrait être subordonné à l'amour et non pas dicté uniquement par la volupté. L'austérité, la rigidité, l'intransigeance ou la "gymnastique" physique et mentale ne favorisent pas la communion avec Dieu. La bonne voie passe par le coeur; elle implique l'acceptation de la présence de Dieu, ce qui veut tout simplement dire la méditation sur votre conception la plus élevée de Dieu.

Six à la quatrième place signifie: *Mais s'il reste impassible, qui le condamnera?...* (Job, 34:29.) Si vous souhaitez détendre votre corps, parlez-lui comme ceci: "Mes orteils, mes mollets, mon dos et mon cou sont complètement relaxés; mon cerveau et mon corps tout entier sont détendus. Le courant de la paix de Dieu coule en moi." En affirmant cela, votre corps se détendra. Votre corps se comporte et réagit en fonction de l'impact que vous exercez sur lui. Si vous êtes détendu et en accord spirituel avec l'Infini, vous serez inspiré "d'en haut".

Six à la cinquième place signifie: *Que votre langage soit toujours aimable, relevé de sel, avec l'art de répondre à chacun comme il faut.* (Colossiens, 4:6.) Surveillez vos paroles, car elles sont l'expression de vos pensées. Elles ont un pouvoir suggestif très puissant, surtout quand elles sont chargées d'émotion — relevées de sel. Votre langage est "aimable" lorsque vos propos sont constructifs et bienveillants à l'égard de tout le monde. À ce moment, il n'y a pas de regret.

Neuf en haut signifie: *En quelque maison que vous entriez, dites d'abord:"Paix à cette maison!"* (Luc, 10:5.) Prenez régulièrement le temps de reposer votre esprit pour contempler les qualités de Dieu. Lorsque, grâce à votre union avec l'Infini, vous aurez trouvé la paix intérieure, vous aurez une influence bénéfique sur tous ceux qui seront en contact avec vous. Les bienfaits et le bien-être vous sont assurés.

53. Tsien/Le développement (le progrès graduel)

≡ ≡ **En haut Souen, le doux, le vent, le bois**

≡ ≡ **En bas Ken, l'immobilisation, la montagne**

Le jugement

Ainsi celui qui se marie avec sa fiancée fait bien... (Corinthiens, I, 7:38.) "Se marier" a plus d'une signification, tant dans le I-Ching que dans la Bible. Vous épousez votre idée, votre désir, en vous unissant mentalement et sur le plan émotif à l'un ou à l'autre, en y restant fidèle tout au long du chemin. Vous savez alors que la sagesse de votre subconscient en assurera la réalisation. C'est comme si vous faisiez la cour à une femme. Vous la louez, vous l'exaltez, vous l'entourez d'attention, vous lui offrez des cadeaux en témoignage de votre attachement; si vous lui restez fidèle, ce processus culmine dans le mariage: l'homme et la femme s'unissent, ils deviennent "un". De même vous devenez "un" avec votre idée. Soyez fidèle jusqu'au bout.

L'image

Au vainqueur, Je ferai manger de l'arbre de vie... (Apocalypse, 2:7.) Vous mangez de l'"arbre de vie" lorsque vous méditez ou que vous vous repaissez spirituellement de ce qui élève, de ce qui est digne et louable. L'arbre de vie est la présence de Dieu en vous. Tout ce que vous cherchez se trouve en vous. Si vous vous repaissez d'harmonie, de joie et d'amour, de sorte que ces qualités se communiquent aux autres, tout changera autour de vous: vos relations avec les autres deviendront de plus en plus harmonieuses.

Les traits

Six au commencement signifie: *...dans... le calme... et la confiance était votre force...* (Isaïe, 30:15.) En général, on n'atteint pas son but d'un seul coup, mais par étapes. Il se peut que vous rencontriez des revers ou des critiques. Mais vous devriez considérer ces ennuis passagers comme un encouragement dans votre progression. Vous ne manquerez pas de progresser.

Six à la deuxième place signifie: *...et rien ne pourra vous nuire.* (Luc, 10:19.) Vous êtes en route et, par votre sentiment d'union avec Dieu, vous vous sentez en sécurité. Lorsqu'en voyageant de Lyon à Marseille, vous arrivez à Avignon, vous êtes en route vers votre destination. Chaque progression est un mouvement vers la réalisation de votre désir. Le succès et la réussite vous sont assurés.

Neuf à la troisième place signifie: *Réconcilie-toi avec lui et fais la paix!* (Job, 22:21.) Ne vous pressez pas. La hâte vous fait perdre de l'énergie, de la vitalité et du discernement. Ne haïssez, ne condamnez ni vous-même, ni les autres. Renforcez votre confiance en vous-même, libérez-vous ainsi que les autres. Le pardon est le meilleur médicament. Vouloir obtenir quelque chose par la force, la contrainte mentale, ne fait que bloquer le bien en vous et ne vous apporte que des dommages. Accordez-vous à Dieu qui est présent en vous, imprégnez-vous de sa paix et de sa puissance. Imaginez le bien et le bien s'ensuivra.

Six à la quatrième place signifie: *De toute votre inquiétude, déchargez-vous sur Lui, car Il a soin de vous.* (Pierre, I,

5:7.) Lorsque vous êtes troublé, préoccupé ou que vous vous trouvez en danger, remettez-vous-en à la présence de Dieu. Restez fermement attaché à cette vérité que toute prière sera exaucée. Vous serez protégé.

Neuf à la cinquième place signifie: *C'est un colporteur de médisance, celui qui révèle les secrets, c'est un esprit sûr, celui qui cache l'affaire.* (Proverbes, 11:13.) Lorsque vous progressez dans la vie et que vous vous élevez au-dessus de la masse, les gens sont prompts à vous jeter la pierre: on raconte des histoires sur vous, on est jaloux de vous. Si vous permettez aux autres de vous blesser ou de vous perturber, vous empêchez votre développement. Souhaitez-leur du bien et continuez votre chemin. Vous allez dans le sens de votre vision intérieure, vous progresserez à tous égards.

Neuf en haut signifie: *Qu'ils sont beaux, sur les montagnes, les pieds du messager qui annonce la paix, du messager de bonnes nouvelles qui annonce le salut...* (Isaïe, 52:7.) Vous portez en vous le bonheur et la bonne nouvelle. La paix de Dieu règne dans votre coeur, la lumière de Dieu rayonne en vous. Dans votre voyage, vous avancez, vous montez, vous allez vers Dieu.

54. Kouei Mei/L'épousée

En haut Tchen, l'éveilleur, le tonnerre

En bas Touei, le joyeux, le lac

Le jugement

Les fils de ce monde-ci prennent femme ou mari. (Luc, 20:34.) "Prendre femme ou mari", le mariage, c'est votre con-

221

ception ou votre appréciation de vous-même; vos "fils", vos enfants, sont les expériences et événements de votre vie, qui découlent du sentiment intérieur que vous avez de vous-même. Votre attitude réceptive dans la prière peut être comparée à celle d'une fiancée, d'une "épousée". Vous ne devez vous unir qu'au plus haut et au meilleur. Ne vous abaissez pas, ne vous diminuez pas, ne vous complaisez pas dans la médiocrité et dans l'infériorité. Une telle attitude conduirait à l'échec.

L'image

...ce que Dieu a uni, l'homme ne doit point le séparer. (Matthieu, 19:6.) Dieu est amour; or, lorsqu'un homme et une femme sont unis par un amour véritable, c'est Dieu qui unit ce couple en une alliance sacrée. Si des difficultés surgissent, chacun des partenaires les résoudra à la lumière de l'amour de Dieu. S'il existe entre deux personnes une authentique union spirituelle, il n'y aura pas de divorce, car aucune des deux personnes ne le souhaitera. L'amour, la bienveillance et la compréhension sont la clé de toutes les relations humaines.

Les traits

Neuf au commencement signifie: *Quel est donc l'intendant fidèle, avisé, que le maître établira sur ses gens...?* (Luc, 12:42.) Nous sommes tous des "intendants" qui travaillons dans le vignoble de notre esprit. Lorsque vous faites votre travail dans la joie et avec fidélité, vous constatez que vous progressez bien et que les obstacles disparaissent comme par enchantement. Ayez des vues constructives et soyez-y fidèle; alors votre subconscient réagira positivement, et vous réussirez dans tous les domaines.

Neuf à la deuxième place signifie: *Si donc ton oeil est sain, ton corps tout entier sera lumineux.* (Matthieu, 6:22.)

Cet "oeil" symbolise votre perception intérieure. Celle-ci dirige votre vie. Quoi que les autres vous fassent — qu'ils soient infidèles ou qu'ils abusent de votre confiance — dirigez inébranlablement votre attention vers Dieu, l'Esprit vivant qui est en vous, vers sa gloire et sa paix. Dès lors que Dieu occupe la première place dans votre vie, votre subconscient réagira en conséquence: toute votre existence et toutes vos expériences seront régies par le bien.

Six à la troisième place signifie: *(Yahvé)... ne refuse pas le bonheur à ceux qui marchent en parfaits.* (Psaumes, 84:12.) Cessez de croire que vous devez faire des compromis dans la vie. Vous avez la capacité de vous tourner vers l'intérieur et de revendiquer le bien en vous. Votre subconscient réagira en réalisant votre revendication, votre demande. Dieu est le donneur et le don; c'est à vous de revendiquer ce qui vous est donné. Dieu est en vous; votre vraie vie, c'est Lui. Levez les yeux, cessez de vous diminuer et de vous dégrader. Louez Dieu qui a le pouvoir de donner à tous vos problèmes une issue favorable.

Neuf à la quatrième place signifie: *...le désir de l'esprit, c'est la vie et la paix...* (Romains, 8:6.) Les relations sexuelles avant le mariage sont un handicap pour une vie conjugale heureuse. Souvent, l'homme se méfic de la femme qu'il a conquise si facilement et la jalousie en sera la conséquence. Le bonheur conjugal naît de l'amour, de la fidélité, de l'honnêteté et du respect, tout comme du désir des époux de s'élever mutuellement sur les plans spirituel et mental, et à tous les égards. Ce n'est pas de l'amour, une aventure dans une maison de passe; ce n'est pas de l'amour, les ébats furtifs sur la banquette arrière d'une voiture garée. Seules la loyauté et la pureté sont gratifiantes. Ce sont ces attitudes-là qui procurent la joie et le bonheur dans le mariage.

Six à la cinquième place signifie: *N'accordez rien à l'esprit de parti, rien à la vaine gloire, mais que chacun par l'humilité estime les autres supérieurs à soi; ne recherchez pas chacun vos propres intérêts, mais plutôt que chacun songe à ceux des autres.* (Philipiens, 2:3-4) Vous êtes exempt de prétention, vous n'êtes pas aveuglé par la vanité. Avec l'entendement vient l'humilité; tout ce que vous faites, vous le faites à la gloire de Dieu et vous connaîtrez de grands bienfaits.

Six en haut signifie: *Tu les mettras dans une même corbeille...* (Exode, 29:3.) La "corbeille" symbolise votre coeur, votre subconscient, d'où proviennent toutes les expériences de votre vie. Les fruits que vous devriez obtenir sont l'amour, la joie, la paix, l'humilité, la foi, la confiance et la bienveillance. Lorsque vous priez, votre conscient et votre subconscient doivent être en accord, être synchronisés. Il faut que le coeur et la raison s'unissent. Il faut que vous soyez mû par le sentiment, par un esprit d'ouverture, par l'enthousiasme, avant de pouvoir produire des fruits tels que la santé, le bonheur, la plénitude et la sécurité. Le simple assentiment intellectuel et le verbalisme, sans l'engagement profond de votre coeur, n'accompliront rien.

55. Fong/L'abondance, la plénitude

En haut Tchen, l'éveilleur, le tonnerre

En bas Li, ce qui s'attache, le feu

Le jugement

Car celui qui a, on lui donnera et il aura du surplus... (Matthieu, 13:12.) Lorsque vous vivez dans la conscience de la plénitude de Dieu, que vous vous rendez compte que Dieu est la source de tous les bienfaits et que vous portez cette vérité dans votre coeur, votre subconscient amplifie et multiplie le bien qui est en vous. Soyez comme le soleil à midi, sans ombre. Rien ne doit vous faire dévier de votre but d'exprimer une mesure toujours croissante d'amour, de vérité, de beauté et de prospérité.

L'image

...mais les humbles posséderont la terre, réjouis d'une grand paix. (Psaumes, 37:11.) Les "humbles" sont ceux qui sont ouverts et réceptifs aux vérités de l'existence. Ils ne considèrent personne comme leur ennemi, car ils savent que leurs ennemis ne peuvent se trouver ailleurs que dans leur propre esprit: la peur, l'ignorance, la superstition, le doute, la malveillance. Les humbles qui se sentent en union avec Dieu, la source de tous les bienfaits, "posséderont la terre", ils vivront dans l'abondance.

Les traits

Neuf au commencement signifie: *...car c'est du trop-plein du coeur que parle sa bouche.* (Luc, 6:45.) Le "coeur" désigne votre subconscient. Si vous imprimez à votre subconscient l'idée de la richesse, de la prospérité et de la réussite, vous rencontrerez la personne qui sera en mesure de coopérer avec vous selon l'ordre divin. C'est votre langage et vos actions qui témoignent à quel point vous êtes conscient de la plénitude de Dieu.

Six à la deuxième place signifie: *...d'un coup mes tentes sont détruites, mes abris, en un clin d'oeil.* (Jérémie, 4:20.) Considérez les "tentes" et les "abris" comme votre demeure spirituelle. Ne permettez pas que les autres vous perturbent ni que la jalousie et l'envie vous détournent de votre but. Ne cédez aucun pouvoir aux autres, mais abandonnez tout le pouvoir à la présence de Dieu en vous et gardez ceci à l'esprit: puisque Dieu est avec vous, qui serait contre vous? Ne résistez pas au mal, mais surmontez le mal par des pensées positives, par la foi en Dieu et par la confiance dans le bien. Le succès vous est assuré.

Neuf à la troisième place signifie: *...et le soleil devint noir comme une étoffe de crin, et la lune devint tout entière comme du sang...* (Apocalypse, 6:12.) Dans le I-Ching et dans la Bible, le "soleil" représente, entre autres, votre conscient, tandis que la "lune" représente votre subconscient. La lune est lumineuse parce qu'elle reflète la lumière du soleil. De même, votre subconscient reflète toujours vos pensées habituelles. Le "noir" symbolise l'obscurité, la confusion et l'intrigue. Lorsque vous vous trouvez en face d'obstacles qui vous paraissent insurmontables, restez tranquille, n'allez pas de l'avant. Laissez les choses prendre leur cours et soyez confiant: tout se réglera selon l'ordre divin.

Neuf à la quatrième place signifie: *Yahvé... mon Dieu éclaire mes ténèbres.* (Psaumes, 18:29.) Les "ténèbres" symbolisent les difficultés, l'ignorance et la peur. Soyez conscient que la sagesse infinie de votre subconscient connaît la solution, l'issue. Dieu vous guide, et vous attirerez les personnes qui vous aideront à réaliser votre rêve. Le jour se lève pour vous et toutes les ombres se disperseront. Le succès vous est assuré.

Six à la cinquième place signifie: *...mon Dieu comblera tous vos besoins, selon sa richesse, avec magnificence...* (Philipiens, 4:19.) Dieu, l'Esprit vivant, augmente et multiplie le bien en vous; Il vous guide sur tous vos chemins: vous rencontrerez automatiquement les personnes qui vous aideront et vous assisteront. En ce moment, beaucoup de bienfaits vous sont accordés.

Six en haut signifie: *...et je dirai à mon âme: "Mon âme, tu as quantité de biens en réserve pour de nombreuses années..." Mais Dieu lui dit: "Insensé, cette nuit même, on va te redemander ton âme. Et ce que tu as amassé, qui l'aura?"* (Luc,12:19-20) La richesse et les possessions ne sont pas répréhensibles en elles-mêmes, contrairement à ce que pensent bon nombre de gens. La prospérité et l'abondance sont souhaitables dans notre vie. Mais il faut garder à l'esprit qu'en définitive vous ne possédez rien réellement. C'est Dieu qui possède tout, tandis que vous êtes l'intendant du divin; dès lors, vous devez faire un usage judicieux et constructif de vos richesses. Faites un partage équitable entre les membres de votre famille et contribuez au bien commun, tout en étant toujours conscient que la sagesse divine vous guide dans toutes vos actions. Quand vous quitterez la vie terrestre pour passer à la dimension purement spirituelle, vous ne pourrez emporter que vos trésors spirituels. La personne vraiment riche est celle qui reconnaît la source de tout bien. Elle tient en estime le divin, elle est toujours riche en sagesse, en compréhension, en bienveillance et en sollicitude à l'égard de tout le monde. L'arrogance, la supériorité et la suffisance mènent à l'échec. L'amour vous unit avec les membres de votre famille et avec tout le monde.

56. Liu/Le voyageur

En haut Li, ce qui s'attache, le feu

En bas Ken, l'immobilisation, la montagne

Le jugement

Il erre pour chercher du pain, mais où aller? (Job, 15:23.) Lorsque vous voyagez — que ce soit pour des raisons professionnelles, pour gagner votre vie ou découvrir la beauté de notre monde — vous devriez toujours être conscient que le véritable pain de vie est la présence de Dieu en vous. Tâchez de vous rendre compte que Dieu prend soin de vous, qu'il est là pour guider vos pas, afin que vous ne commettiez pas d'erreur. Rayonnez l'amour et la bienveillance envers tout le monde: vous aurez du succès dans vos voyages.

L'image

Comme l'oiseau qui erre loin de son nid, ainsi l'homme qui erre loin de son pays... (Proverbes, 27:8.) Votre "pays", c'est votre union avec Dieu; si vous ressentez cette union, vous prenez conscience que la loi et l'ordre divins vous protègent. Reconnaissez ce qui est juste et bon et ne vous écartez pas du principe de l'action juste. Retournez au "nid", au centre même de votre être, où vous vivez avec Dieu dans l'honnêteté et dans la sincérité.

Les traits

Neuf au commencement signifie: *...courir les maisons... pour bavarder, s'occuper de ce qui ne les regarde pas, parler à tort et à travers.* (Timothée, I, 5:13.) *En quelque maison que vous entriez, dites d'abord: "Paix à cette maison!"* (Luc, 10:5.) Portez cette bénédiction dans votre coeur lorsque vous rencontrez quelqu'un ou que vous entrez dans une maison. Ne vous engagez pas dans des propos négatifs au sujet d'autres personnes. Que vos paroles soient constructives, bienfaisantes et édifiantes. En critiquant et en ridiculisant les autres, on s'attire pertes et échecs.

Six à la deuxième place signifie: *De tout mon coeur c'est toi que je cherche, ne m'écarte pas de tes commandements.* (Psaumes, 119:10.) Le premier commandement est d'aimer Dieu et d'être accordé à l'Infini. Si vous aimez et respectez votre moi supérieur qui est Dieu, vous aimerez et vous respecterez tout naturellement aussi le divin chez les autres; vous vous assurerez de leur collaboration et vous attirerez à vous le compagnon de votre vie.

Neuf à la troisième place signifie: *...parce qu'ils manquaient de place dans l'auberge.* (Luc, 2:7.) L'auberge est l'endroit où prolifère l'esprit de masse avec ses superstitions, ses peurs, ses rancunes et ses hostilités. Ce n'est évidemment pas l'endroit pour prendre conscience de la présence de Dieu qui protège et guérit l'homme. Pour des millions d'hommes, Dieu n'existe pas, et pour d'autres millions, c'est un grand étranger. Si vous pensez que vous pouvez régler les problèmes de votre vie par votre intellect et par vos propres moyens, sans recourir à la source de la sagesse infinie, vous irez au-devant de difficultés et de pertes.

Neuf à la quatrième place signifie: *Tournez-vous vers moi et vous serez sauvés, tous les confins de la terre...* (Isaïe, 45:22.) Les idées négatives, telles que le sentiment d'être livré au danger et d'être en proie au destin, ou encore le sentiment d'être isolé et écarté des autres, ne feront qu'augmenter les difficultés. Reconnaissez que Dieu vous aime et qu'il prend soin de vous; sachez que vous êtes toujours en sécurité lorsque vous admettez cette vérité que vous vivez sous la protection du Tout-Puissant. C'est lui, votre refuge, votre forteresse. Sans le contact vivant avec l'infini, l'homme est perdu comme un étranger dans un lointain pays.

Six à la cinquième place signifie: *Dieu est amour: celui qui demeure dans l'amour demeure en Dieu et Dieu demeure en lui.* (Jean, I, 4:16.) Celui qui témoigne de l'amour et de la bienveillance envers les autres est toujours créateur. Le sentiment d'amour prolonge votre vie, il vous inspire, il vous ouvre les portes, il vous fait faire des amis, il élargit vos intérêts, il fait progresser votre travail et vos affaires, il vous fait surmonter vos obstacles. Avec un coeur plein d'amour pour tout le monde, vous êtes le bienvenu partout; vous cesserez d'être un étranger.

Neuf en haut signifie: *...comme des oiseaux fugitifs, chassés de leur nid...* (Isaïe, 16:2.) Votre "nid" est bien chaud lorsque Dieu y habite. Dieu veillera sur vous.

57. Souen/Le doux (le pénétrant, le vent)

En haut Souen, le doux, le vent, le bois

En bas Souen, le doux, le vent, le bois

Le jugement

Or, le serviteur du Seigneur ne doit pas être querelleur, mais accueillant à tous... (Timothée, II, 2:24.) Ne soyez pas impatient avec vous-même. Ne dédaignez pas les débuts modestes. Traitez-vous comme des parents intelligents traiteraient un enfant difficile: avec gentillesse et patience, mais néanmoins avec une douce fermeté, ne vous attendant pas à un résultat immédiat mais sachant que la croissance et l'épanouissement viendront petit à petit. Ne vous détournez pas de votre but; soyez conscient que Dieu vous guide et poursuivez vos projets avec confiance. Cherchez conseil auprès d'un bon conseiller.

L'image

Le vent souffle où il veut... (Jean, 8:3.) Ouvrez votre esprit et votre coeur à l'influx de l'Esprit divin. Dites-vous que l'Esprit de Dieu souffle, comme une douce brise, dans votre pensée, vos paroles et vos actions. Ce travail de l'esprit est invisible, silencieux et il se fait en douceur. C'est l'action la plus efficace de votre vie, celle qui va le plus loin, car elle est perçue et accueillie "subconsciemment" par ceux qui vous entourent. Construisez ce temple de votre personnalité dans le silence — vos pensées ne font pas de bruit. Imaginez le bien et vous rencontrerez le bien dans tous les domaines.

Les traits

Six au commencement signifie: *...la foi sans les oeuvres est stérile.* (Jacques, 2:20.) Lorsque nous prions, il nous arrive souvent de constater que, pendant longtemps, rien ne semble changer dans le monde extérieur. Persistons malgré tout dans notre foi, fermement et sans douter, alors une voie s'ouvrira devant nous.

Neuf à la deuxième place signifie: *Dieu est Lumière, en Lui point de ténèbres.* (Jean, I, 1:5.) Dieu est amour et sagesse — il est tout-puissant. Placez vos sentiments de peur et de culpabilité sous la lumière de votre raison et vous reconnaîtrez que ce sont des vues de votre esprit qui n'ont ni réalité, ni pouvoir en dehors de lui. Pensez autrement — positivement — et vous serez libéré. Les prédictions négatives de malheurs et de souffrances n'ont pas de pouvoir sur vous aussi longtemps que vous ne les acceptez pas intérieurement. Gardez intacte votre foi en Dieu, restez accordé à l'Infini, priez Dieu pour qu'il vous guide et votre vie sera bénie.

Neuf à la troisième place signifie:*...dans... le calme... et la confiance était votre force...* (Isaïe, 30:15.) Au cours de la journée, évitez de toujours ressasser le même problème et de vous tourmenter ainsi. Une telle attitude ne ferait que l'aggraver. Considérez la situation sous tous ses aspects; dites-vous que Dieu vous guide; ensuite, prenez une décision claire et définitive, tout en sachant que la sagesse de votre subconscient réagira selon l'ordre divin. Des résultats positifs se manifesteront.

Six à la quatrième place signifie: *Vous me chercherez, et vous me trouverez, car vous me rechercherez de tout votre coeur; Je me laisserai trouver par vous...* (Jérémie, 29:13-14.) La pensée juste et la foi en la présence de Dieu, qui sont l'essence même de l'harmonie, de la santé, de la paix et de l'abondance, vous mèneront au but. Entreprenez votre projet avec amour et enthousiasme; alors il se réalisera.

Neuf à la cinquième place signifie: *...et ne deviens pas incrédule, mais croyant.* (Jean 20:27.) Croyez en votre propre foi. Lorsque vous manquez de foi, vous ne priez pas. Le simple fait de prier vous prouve déjà que vous avez, comme point de départ, suffisamment de foi. Faites confiance à l'intelligence infinie en vous pour vous guider. De nombreux bienfaits vous sont acquis.

Neuf en haut signifie: *Ô Galates sans intelligence, qui vous a ensorcelés?* (Galates, 3:1.) Lorsque vous vous "ensorcelez" avec des pensées négatives, vous détruisez votre force et votre bonheur. Vous oubliez que vous en êtes vous-même la cause. Vous êtes ensorcelé par des pensées et des émotions négatives. Reconnaissez que Dieu est la Toute-puissance, la Sagesse infinie et l'Amour sans limites. Faites-lui confiance.

58. Touei/Le serein, le joyeux, le lac

En haut Touei, le joyeux, le lac

En bas Touei, le joyeux, le lac

Le jugement

...devant ta face, plénitude de joie... (Psaumes, 16:11.)
Considérez votre travail, votre activité professionnelle,
comme source de satisfaction et de joie. Soyez joyeux et
serein: votre état d'esprit se communiquera à vos collègues
et collaborateurs. La plus grande joie provient de la décou-
verte que votre pensée est créatrice, c'est-à-dire qu'en
imaginant le bien, vous réalisez le bien. Personne ne peut vous
enlever cette certitude. Sachez que votre prière est une
joyeuse rencontre avec Dieu en vous. En priant ainsi, des
changements merveilleux se produiront dans votre monde.

L'image

...en ta droite, délices éternelles. (Psaumes, 16:11.) La
"droite", dans le I-Ching comme dans la Bible, signifie la
puissance de Dieu qui est en vous. Dieu est Esprit; Il est la
cause et l'aboutissement. Soyez-en conscient et tâchez de per-
cevoir que c'est l'Esprit de Dieu qui anime vos pensées et vos
idées. Ce que vous commencez dans la joie, vous l'accomplirez avec succès. Le commencement et la fin ne font qu'un.
Cette certitude vous donnera joie et contentement. La joie,
c'est la félicité, l'allégresse du coeur; c'est le rire, la bienveillance, l'harmonie, la paix. *Coeur joyeux améliore la santé...*
(Proverbes, 17:22.) Cette attitude est contagieuse: elle se
transmettra à tous ceux qui vous entourent.

Les traits

Neuf au commencement signifie: ...*exultez, les justes...* (Psaumes, 32:11.) Un ingénieur me raconta récemment qu'il avait travaillé sur un projet excessivement difficile au cours duquel il avait essuyé beaucoup de revers. Il avait néanmoins tenu bon, malgré les défaites et les déceptions, travaillant jusque tard dans la nuit, soutenu par l'avant-goût de la joie de vaincre. En effet il réussit, ce qui le combla d'une joie immense. C'est cette approche de la vie que vous devriez adopter, car c'est ainsi que vous trouverez la force de surmonter toutes les difficultés.

Neuf à la deuxième place signifie: *Joie pour l'homme qu'une réplique de sa bouche, que c'est bon, une réponse opportune!* (Proverbes, 15:23.) Les paroles d'encouragement et de confiance que vous avez pour les autres leur remontent le moral et vous procurent à vous-même une joie intérieure du fait que vous les voyez croître et s'épanouir. Vos paroles et vos actes devraient être tels qu'ils soient source de joie pour vous autant que pour les autres. Votre joie intérieure provient de l'union avec l'Infini en vous. Vous constaterez que votre vie est pleine de merveilles.

Six à la troisième place signifie: *La folie fait la joie de l'homme privé de sens...* (Proverbes, 15:21.) Celui qui cherche son plaisir dans des niaiseries extérieures telles que des jeux stupides, de la musique sauvage, de mauvaises émissions de radio ou de télévision, des films indécents ou d'autres divertissements à bon marché, ne peut s'attendre qu'à des frustrations. *...la joie de Yahvé est votre forteresse!* (Néhémie, 8:10.)

Neuf à la quatrième place signifie: *...tu assureras la paix, la paix qui t'est confiée.* (Isaïe, 26:3.) Vous devez prendre une décision. La bonne décision, c'est de concentrer votre attention sur les vérités immuables de la vie. La vraie joie résulte de la connaissance de vos forces spirituelles par lesquelles vous participez au divin. Unissez-vous à la présence de Dieu en vous, prenez conscience que l'amour divin vous anime, qu'il anime vos pensées et vos sentiments et qu'il vous devance pour aplanir vos chemins. Cette attitude suscitera en vous de la joie intérieure et de la plénitude. C'est ainsi que vous priez Dieu. C'est maintenant que vous devez prendre la décision juste; votre joie sera grande.

Neuf à la cinquième place signifie: *...dans... le calme... et la confiance était votre force...* (Isaïe, 30:15.) Ne mettez pas votre confiance dans les choses extérieures, car elles sont éphémères. Détendez-vous, relâchez votre esprit et tournez votre attention vers la présence de Dieu qui agit en vous. Celle-ci ne change jamais; elle est absolument fiable — aujourd'hui comme hier et comme elle le sera encore demain. Mettez votre foi uniquement en Dieu et en toutes les bonnes choses, mais non pas dans les choses transitoires et passagères.

Six en haut signifie: *Va, mange avec joie ton pain...* (Ecclésiaste, 9:7.) Si, dans votre vie, vous voulez connaître la vraie joie, il faut que vous vous nourrissiez de nourriture spirituelle. Que votre "pain" quotidien soit harmonie, paix, amour, bienveillance et inspiration, alors vous connaîtrez la joie de vivre. Si vous ne pensez qu'aux plaisirs de la table, à la boisson, aux divertissements et aux satisfactions sensuelles, vous serez la victime de l'esprit de masse et vous connaîtrez échecs et frustrations.

59. Houan/La dissolution (la dispersion)

En haut Souen, le doux, le vent

En bas K'an, l'insondable, l'eau

Le jugement

Les lèvres des sages répandent le savoir... (Proverbes, 15:7.) Un "sage" sait que Dieu est l'Esprit vivant, l'aïeul commun à tous les hommes — nous sommes tous de la même famille. L'amour, l'amabilité et la bienveillance unissent les gens sans tenir compte de leur race, de leur religion ou de leur rang social. Vous pouvez vous-même égayer la vie des autres par votre amour et votre gentillesse et les aider en leur faisant connaître les principes de vie spirituels. Il est avantageux pour vous d'aller droit au but. Puisque vos motivations sont bonnes, vous ne manquerez pas de l'atteindre. De même, tout voyage entrepris en ce moment se passera selon l'ordre divin.

L'image

Tes fontaines s'écouleraient au dehors... (Proverbes, 516. La fontaine de la vie se trouve en vous. Buvez de la fontaine de l'inspiration, de la conduite divine et de la confiance, et vous vous sentirez vivifié et animé d'une force nouvelle. Souhaitez à tout le monde ce que vous souhaitez pour vous-même. Connaissant la source intarissable de votre force, vous n'éprouverez aucun sentiment de cupidité, d'envie ou de jalousie. De la fontaine de la vie jaillit pour vous l'abondance.

Les traits

Six au commencement signifie: *On équipe le cheval pour le jour du combat...* (Proverbes, 21:31.) Le "cheval" symbolise vos forces émotionnelles. Celles-ci doivent être canalisées dans des voies agréables à Dieu. Soyez conscient que la compréhension et l'amour sont capables de disperser tous les malentendus. Dites-vous que l'amour divin préside à toutes vos entreprises; alors votre vie émotionnelle sera heureuse.

Neuf à la deuxième place signifie: *Et quand vous êtes debout en prière, si vous avez quelque chose contre quelqu'un, remettez-lui...* (Marc, 11:25.) "Remettre", c'est pardonner. Cessez de nourrir des sentiments d'hostilité à l'égard de votre prochain. Dissolvez ces sentiments négatifs dans une attitude d'amour et de bienveillance. Dans votre monde à vous, vous êtes le seul maître à penser; ce que vous pensez des autres, vous le créez dans votre propre expérience. Souhaitez-leur tous les bienfaits de la vie. Vous reconnaîtrez le moment où vous avez pardonné, car alors vous ne sentirez plus l'aiguillon de la rancune. Pardonnez: vous serez libéré.

Six à la troisième place signifie: *Cherchez d'abord le Royaume de Dieu...* (Matthieu, 6:33.) Accordez-vous à l'esprit de Dieu. Dites-vous que vos buts sont déjà réalisés dans votre esprit et réjouissez-vous-en. Ayez la certitude que la force universelle agit en votre faveur et qu'elle vous conduit à vos buts selon l'ordre divin.

Six à la quatrième place signifie: *La voie de Yahvé est un rempart pour l'homme honnête...* (Proverbes, 10:29.) *Heureux les hommes dont la force est en toi...* (Psaumes, 84:6.) Tout ce que vous faites, faites-le du point de vue des vérités éternelles de l'existence, du point de vue des principes de vie immuables. Il faut que toutes les personnes de votre entourage soient des maillons dans la chaîne de votre croissance spirituelle, de votre prospérité matérielle, tout comme dans la chaîne du bien commun. Vous devriez à présent vous détacher de ceux qui s'écartent des principes de l'honnêteté, de l'intégrité et de la justice.

Neuf à la cinquième place signifie: *La sagesse n'appelle-t-elle pas? L'intelligence n'élève-t-elle pas la voix?* (Proverbes, 8:1.) La sagesse, c'est votre conscience de la présence de Dieu en vous, qui est capable de résoudre tous vos problèmes et d'apporter la paix à votre âme troublée. L'intelligence est la mise en application de cette sagesse en vue de surmonter les obstacles et les difficultés de votre vie quotidienne. Priez: "Dieu connaît l'issue, il me révèle la bonne solution. Je me laisse guider par lui." Une idée surgira de vos profondeurs subliminales pour résoudre votre problème.

Neuf en haut signifie: *Le malheur ne peut fondre sur toi, ni la plaie approcher de ta tente.* (Psaumes, 91:10.) Affirmez toujours cette vérité que l'amour de Dieu vous entoure et entoure les membres de votre famille, et que, dès lors, aucun mal ne peut vous atteindre. Affirmez que l'amour de Dieu vous protège et vous guide et agissez en fonction de cette certitude; vous serez ainsi à l'abri de tout danger. L'action juste domine chez vous.

60. Tsie/La limitation

En haut K'an, l'insondable, l'eau

En bas Touei, le joyeux, le lac

Le jugement

Tes tendresses pour moi ont-elles été contenues? Dieu est sans limites, mais l'homme est limité. C'est précisément à travers votre limitation que vous découvrez les forces divines en vous, qui vous permettent de vous élever au-dessus de tous les problèmes. Le repos et le mouvement sont également une nécessité vitale pour l'être humain. C'est pourquoi vous avez besoin de délassement, de détente, de joie et de divertissement — ni trop, ni trop peu. En dehors du temps réservé au repos et au sommeil, il faut du temps pour prier et pour méditer. C'est important pour une vie équilibrée. Il faut de la modération dans tout ce que vous faites. Évitez les extrêmes: ils sont contraires aux lois de la nature.

L'image

...car rien n'est impossible à Dieu. (Luc, 1:37.) Lorsqu'un problème semble vous dépasser, décidez d'y voir une occasion de croissance et de développement spirituels. Dites-vous: "Dieu réglera à la perfection ce qui me trouble." La vérité de cette prière contient un pouvoir énorme.

Les traits

Neuf au commencement signifie: *La prudence veillera sur toi, l'intelligence te gardera...* (Proverbes, 2:11.) Vous avez le pouvoir et le droit de décider par vous-même et d'agir selon votre propre jugement. Vous avez la liberté du choix; votre choix se manifeste dans ce que vous pensez. Si vous pensez justement, votre "intelligence vous gardera". C'est comme si vous nagiez avec la marée: vous n'avez pas besoin de "lutter" contre les vagues. Attendez et priez. Le temps opportun viendra. Alors vous saurez comment agir.

Neuf à la deuxième place signifie: *...car celui qui hésite ressemble au flot de la mer que le vent soulève et agite.* (Jacques, 1:6.) Lorsqu'une occasion favorable se présente, saisissez-la et passez à l'action. Si vous hésitez et si vous vacillez, vous êtes comme l'homme à l'âme partagée de la Bible, inconstant dans toutes ses voies. Celui qui, dans un ascenseur, pousse en même temps sur le bouton "monter" et sur le bouton "descendre", ne pourra ni monter, ni descendre. Une telle attitude vous apporterait pertes, déceptions et frustrations.

Six à la troisième place signifie: *...une balance fausse, ce n'est pas bien.* (Proverbes, 20:23.) Vous devez vivre une vie équilibrée. Vous vivez à la fois dans votre monde spirituel et dans le monde concret et objectif. Lorsque vous consacrez exclusivement votre temps à des choses extérieures, que vous utilisez vos énergies à mauvais escient, que vous abusez de votre corps, votre "balance" intérieure, votre équilibre sont faussés. Il faut que vous preniez le temps de méditer sur des idées qui puissent guérir, inspirer et élever votre être tout entier. L'intérieur conditionne l'extérieur. Si l'amour et la félicité règnent dans votre coeur, votre vie extérieure sera équilibrée.

Six à la quatrième place signifie: *...j'ai appris en effet à me suffire en toute occasion.* (Philippiens, 4:11.) Accommodez-vous de ce que vous ne pouvez pas changer. Ne gaspillez pas vos énergies dans l'effort de changer le monde. Gardez à l'esprit qu'il n'y a que vous-même qui devez changer. Sur cette terre, il y a des choses innombrables que vous ne pouvez pas changer, telles que la rotation de la terre sur son axe ou le mouvement des corps célestes. Par contre, vous pouvez vous changer en modifiant votre façon de penser et en vous orientant vers la sagesse infinie et vers la puissance illimitée de Dieu, qui vous conduiront au succès et à l'accomplissement.

Neuf à la cinquième place signifie: *...la piété au contraire est utile à tout.* (Timothée, I, 4:8.) Que toutes vos entreprises soient faites à la gloire de Dieu. Souhaitez aux autres ce que vous vous souhaitez à vous-même. Ne vous laissez jamais aller à des pensées restrictives ou limitatives au sujet d'autres personnes, car ce que vous pensez des autres, vous le créez dans votre propre vie. Soyez honnête et sincère. Affirmez que Dieu vous guide et qu'il vous fait agir justement; alors vous serez exalté, et tout vous réussira.

Six en haut signifie: *Glorifiez donc Dieu dans votre corps.* (Corinthiens, I, 6:20.) Il serait erroné de dédaigner ou de maltraiter votre corps qui est un don de Dieu. L'austérité, l'autopunition par une vie ascétique n'ont pas de valeur spirituelle et, de plus, elles tendent à nuire à la santé et à l'harmonie du corps. Votre corps est le "nid" dans lequel habite Dieu; c'est pourquoi vous devez veiller à ce qu'il soit un instrument de vitalité, d'intégrité, de beauté et de perfection. Les remords du passé sont destructeurs. Le regret profond et douloureux pour une faute commise dans le passé est un poison pour l'esprit; il affaiblit l'organisme tout entier. Dieu ne punit jamais. C'est vous qui vous punissez vous-même. Pardonnez-vous et changez vos habitudes de pensée. Changez vos pensées actuelles de sorte qu'elles soient agréables à Dieu, car votre futur sera fait de ce que vous pensez aujourd'hui. Cessez immédiatement de vous condamner et louez Dieu en vous.

61. Tchoung Fou/La vérité intérieure

En haut Souen, le doux, le vent

En bas Touei, le joyeux, le lac

Le jugement

Au juste n'échoit nul mécompte... (Proverbes, 12:21.) *...mais les gens qui connaissent leur Dieu s'affermiront et agiront.* (Daniel, 11:32.) Vous êtes juste lorsque vous pensez, sentez et agissez justement et que vous vous laissez guider par la Règle d'or et la loi de l'amour. Ainsi, vous communiquerez "subconsciemment" aux autres ce postulat intérieur et vous vous rendrez compte qu'une véritable union avec les autres doit reposer sur le lien de l'amour et sur l'action juste. Grâce à cette attitude, vous avancerez vers votre but. Vous réussirez.

L'image

Cessez de juger sur l'apparence; jugez selon la justice. (Jean, 7:24.) Que vos jugements et vos décisions soient toujours fondés sur la vérité. En séparant le vrai du faux, vous arriverez à une décision qui repose sur les principes immuables de la vie et sur les vérités divines. Ainsi, votre jugement sera juste.

Les traits

Neuf au commencement signifie: *Ta foi t'a sauvé; va en paix.* (Luc, 7:50.) La foi, c'est la confiance en Dieu. Si vous placez votre confiance dans des choses extérieures, comme par exemple dans les gens, dans les promesses, dans les relations personnelles, dans l'argent ou votre portefeuille d'actions, ne perdez pas de vue que toutes ces choses sont aléatoires et ne cessent de changer. Par contre, si vous mettez votre confiance en Dieu et en sa bonté, vous allez prospérer et réussir.

Neuf à la deuxième place signifie: *...l'hirondelle et la grue ne manquent pas le moment du retour.* (Jérémie, 8:7.) Dans le I-Ching comme dans la Bible, l'hirondelle et la grue sont synonymes de joie. Lorsque vous débordez de joie et d'enthousiasme, vous émettez une vibration qui est ressentie subjectivement par les autres et vous attirez des compagnons spirituels pour le voyage de votre vie. Votre état d'esprit, votre humeur créent des affinités. Lorsque vous vivez dans la conscience de la joie, qui est votre force, votre message réjouissant est capté par tous ceux dont l'antenne spirituelle est prête à le recevoir. Votre joie intérieure et votre état d'esprit élevé sont contagieux: tous les gens qui ont croisé votre chemin sont bénis.

Six à la troisième place signifie: *...tu assureras la paix, la paix qui t'est confiée.* (Isaïe, 26:3.) Mettez-vous au diapason de l'Infini qui répand en vous une paix sereine. Dites-vous que le courant de la paix divine anime vos pensées, vos paroles, vos actions et vos réactions. Dans vos relations avec les autres, ne soyez ni autoritaire, ni possessif et ne les forcez pas à faire ce que vous voulez ou à agir comme vous le souhaitez. Ne permettez jamais aux autres de vous ravir la paix de votre âme. Votre paix, votre joie et votre équilibre intérieurs viennent de Dieu et non pas des autres hommes. Bénissez-les et continuez votre chemin.

Six à la quatrième place signifie: *Et le soleil s'arrêta, et la lune se tint immobile.* (Josué, 10:13.) Considérez le "soleil" comme votre conscient et la "lune" comme votre subconscient. Comme la lune reflète la lumière du soleil, ainsi votre subconscient reflète les habitudes de votre pensée et les représentations de votre conscient. Ayant apaisé — "arrêté" — les remous de votre conscient ("le soleil s'arrêtera"), vous contemplerez la présence de la lumière, de l'amour, de la puissance et de la beauté divines, votre subconscient aussi s'apaisera et toutes ses tendances négatives seront neutralisées: elles se "tiendront immobiles". On pourrait qualifier de pleine lune la sensation de plénitude que vous connaissez lorsque vous vous sentez être ce que vous aimez être: vous avez réussi à conditionner votre subconscient de sorte qu'il fera tout pour réaliser vos désirs. Adhérez à cette vérité et vous réussirez.

Neuf à la cinquième place signifie: *...il n'y a point d'autorité qui ne vienne de Dieu, et celles qui existent sont constituées par Dieu.* (Romains, 13:1.) Si vous continuez à vivre dans la conscience de la présence de Dieu, si vous vous sentez en union avec Dieu, vous rayonnerez cette conviction intérieure autour de vous; tous les gens qui sont en contact avec vous capteront ce rayonnement positif, soit consciemment, soit "subconsciemment". Tout convergera pour votre bien.

Neuf en haut signifie: *...comme il parlait encore, un coq chanta.* (Luc, 22:60.) Le coq chante à l'aube, comme s'il créait la lumière du jour. Il ne sert à rien de vous vanter et de prétendre être quelque chose que vous ne ressentez pas comme vrai dans votre coeur. Le verbalisme et les prières débitées machinalement ne servent à rien. Les vérités de Dieu doivent être assimilées, digérées par votre esprit, de même qu'un morceau de pain qui, une fois digéré, est assimilé par votre sang.

62. Siao Kouo / La prépondérance du petit

≡ ≡   **En haut Tchen, l'éveilleur, le tonnerre**

≡ ≡   **En bas Ken, l'immobilisation, la montagne**

Le jugement

...car un oiseau du ciel emporterait le bruit, celui qui a des ailes redirait ta parole. (Ecclésiaste, 10:20.) Dans le I-Ching et dans la Bible, l'"oiseau" symbolise les pensées et les sentiments de l'homme. C'est pourquoi il a deux ailes. L'oiseau s'élève dans les cieux, mais il revient vers la terre pour chercher de la nourriture, pour construire son nid et pour prendre soin de sa nichée. Si vous avez des projets, vous veillerez — afin d'éviter de bâtir des châteaux en Espagne — à ce qu'ils reposent sur des fondations solides, sinon ils ne pourront se réaliser. Décidez de faire le pas suivant dans votre carrière, un pas raisonnable, un pas que vous vous sentez capable d'accomplir. Soyez convaincu que vous y parviendrez avec l'aide de Dieu. Une fois ce pas accompli, vous pourrez gravir l'échelon suivant du succès. Il faut que votre idée soit ressentie comme vraie dans votre coeur, car tout désir que vous intérioriscz sur le plan émotif deviendra réalité dans votre vie. Un grand succès vous est assuré.

L'image

Si la paix est dans votre coeur, vous rayonnerez cette paix autour de vous, et les autres la percevront intuitivement. Si la paix est dans votre coeur, vous recevrez autant d'argent que vous en avez besoin et vous le dépenserez généreusement, sachant que la source en est inépuisable. La vraie paix de l'âme régénère votre corps et votre esprit, vous permettant ainsi de mener une vie de plénitude et de bonheur. Évitez les extrêmes, quels qu'ils soient, et vous connaîtrez une paix qui dépasse votre entendement.

Les traits

Six au commencement signifie: *...tel l'oiseau qui se précipite dans le filet sans savoir qu'il y va de sa vie.* (Proverbes,

7:23.) Il y avait un homme de soixante-dix ans qui s'efforçait de rester à la hauteur de son fils de vingt ans, au tennis, à vélo, dans les courses en montagne. Il se vantait de sa jeunesse, de sa condition physique et de son endurance. Un jour, lorsqu'il voulut courir aussi vite que son fils, il eut une crise cardiaque qui lui coûta la vie. Il était trop tard pour lui de reconnaître cette vérité: lorsqu'on n'est plus tout jeune, mieux vaut donner la préférence aux exercices mentaux et spirituels. Vous, par contre, vous pouvez encore en profiter. Acceptez votre âge et prenez conscience que la vieillesse, cela ne signifie pas seulement la fuite des années, mais l'avènement de la sagesse. Lorsque vous essayez de forcer les choses en exerçant une pression morale, vous ne pouvez pas réussir.

Six à la deuxième place signifie: *Je me souviendrai en leur faveur de l'alliance conclue avec leurs aïeux...* (Lévitique, 26:45.) L'"alliance" représente un accord entre Dieu et l'homme. Lorsque vous faites appel à la sagesse infinie de Dieu, vous recevez une réponse. C'est une vérité qui vaut pour tous les hommes, car, pour Dieu, chaque homme a sa valeur. Ne priez pas vos aïeux. Les aïeux, dans le I-Ching, figurent votre subconscient qui est un puits de sagesse, puits uni à l'intelligence infinie et à la sagesse sans limites de Dieu. Mais...*si l'un de vous manque de sagesse, qu'il la demande à Dieu...* (Jacques, 1:5.)

Neuf à la troisième place signifie: *Tu ne craindras ni les terreurs de la nuit, ni la flèche qui vole de jour...* (Psaumes, 91:5.) "La flèche qui vole de jour" symbolise une difficulté ou un danger dont vous êtes conscient — que ce soient des ennuis avec d'autres personnes, des problèmes professionnels ou toute autre difficulté. Les "terreurs de la nuit" indiquent la possibilité d'un complexe subconscient ou l'existence d'un danger qui vous menace du dehors. Utilisez votre bon sens, soyez vigilant et faites attention à tout ce qui se passe autour de vous. Si quelqu'un essaie de vous nuire secrètement, répétez souvent cette prière: "Il n'y a rien de caché qui ne me soit révélé. Il n'y a rien de secret qui ne soit porté à ma connaissance. Je suis entouré de l'amour de Dieu et Dieu veille sur moi." Lisez le Psaume 91. C'est le grand psaume de la protection qui produira des miracles en vous.

Neuf à la quatrième place signifie: *...et la navigation était désormais périlleuse... Paul les en avertissait...* (Actes, 27:9.) Nous roulons en voiture, nous prenons l'avion, nous traversons tout simplement la rue: nous pouvons nous trouver en danger. Soyez calme, ne vous en faites pas. Soyez d'une prudence normale et gardez toujours à l'esprit que l'amour de Dieu vous entoure, vous enveloppe, vous couvre. Sachez que Dieu est partout où vous êtes et qu'il prend soin de vous. Soyez confiant: Dieu vous protège, et vous êtes en sécurité.

Six à la cinquième place signifie: *...nuages sans eau...* (Jude, 1:12.) Les "nuages sans eau", ceux qui n'apportent pas à la terre une pluie bienfaisante, expriment symboliquement que vos méditations, vos prières n'apportent pas de résultats, ne donnent pas de fruits. Vous surmonterez une telle période de sécheresse lorsque vous vous rendrez compte que la sagesse infinie de votre subconscient peut trouver une issue et que votre foi en les pouvoirs infinis qui vous animent peut vaincre tous les obstacles. Vous attirerez les personnes qui vous aideront à mener à bien votre tâche.

Six en haut signifie: *...comme l'oiseau s'envolera sa gloire...* (Osée, 9:11.) L'"oiseau" qui s'envole est comme une pensée furtive qui n'est pas enracinée dans votre coeur. Votre désir n'est pas ressenti comme vrai, il n'a pas été assimilé par votre subconscient. Exercer une contrainte morale, forcer les choses, faire des projets "en l'air", sans fondement, engendrent pertes et frustrations. Vos idées et vos aspirations ne doivent pas rester suspendues "en l'air"; elles doivent au contraire être acceptées comme vraies et trouver leur expression dans votre vie. Vous devez manifester votre foi en Dieu et dans le bien.

63. Ki Tsi/Après l'accomplissement

En haut K'an, l'insondable, l'eau

En bas Li, ce qui s'attache, le feu

Le jugement

...mais celui qui aura tenu bon jusqu'au bout, celui-là sera sauvé. (Marc, 13:13.) La persévérance, la persistance, la détermination d'arriver au but apporteront des fruits. Ne vous reposez pas sur vos lauriers. Sachez qu'une vigilance perpétuelle est le prix de la liberté. De même, il faut exercer une vigilance sans relâche sur vos pensées et vos attitudes mentales. Restez toujours sur le qui-vive. Persévérez dans la pensée positive et dans l'action juste, et tout ira pour le mieux.

L'image

Partout dans la vie, nous rencontrons des contraires: le jour et la nuit, la marée haute et la marée basse, l'intérieur et l'extérieur, le chaud et le froid, la santé et la maladie, le doux et l'aigre, le dur et le mou, l'amour et la haine, la foi et la crainte, le masculin et le féminin. Tous ces contraires forment la moitié d'un ensemble. Sur le chemin de sa vie, l'homme orienté vers les choses de l'esprit retourne en lui-même au centre de l'harmonie, il concilie les contraires. Lorsque la peur ou les soucis vous assaillent, retournez au centre de vous-même et reconnaissez que rien n'a de pouvoir sur vous hormis Dieu, que Dieu est amour et que l'amour de Dieu vous précède pour aplanir votre chemin. Ainsi vous transformez le contraire: il redevient esprit. De cette manière, vous vous rendez invulnérable, comme par enchantement. Tout est esprit et manifestation de l'esprit. Louez le divin dans les autres.

Les traits

Neuf au commencement signifie: *Et ne vous modelez pas sur le monde présent, mais que le renouvellement de votre jugement vous transforme...* (Romains, 12:2.) Le "monde" signifie l'esprit de masse qui est fait de crainte, de superstition et d'ignorance. Vous devez choisir vous-même vos pensées et l'orientation que vous voulez donner à votre vie. Évitez de vous laisser contaminer par la masse. La masse a toujours tort. Rentrez en vous-même, recueillez-vous, priez Dieu pour qu'il vous guide et dites-vous que la loi et l'ordre divins régissent votre vie. Vous avancerez au bon moment et dans la bonne direction; vous atteindrez votre but.

Six à la deuxième place signifie: *Car quiconque s'élève sera abaissé, et celui qui s'abaisse sera élevé.* (Luc, 14:11.) Ce n'est pas parce que vous êtes humble que vous êtes un paillasson. Au contraire, une telle attitude montre que vous êtes conscient de votre vraie valeur, que vous avez assez d'humilité pour reconnaître que Dieu seul détient tout pouvoir et que ce n'est pas les hommes ni leur oeuvre que vous vénérez. Prenez conscience que personne ne peut vous abaisser, vous blesser ou vous ravir la place qui vous revient réellement dans la vie. Dans le travail spirituel que vous êtes appelé à accomplir, votre "atelier" est votre esprit accordé à l'Infini, et vos "outils" sont vos attitudes mentales et vos choix. Choisissez la bonne place, optez pour l'action juste. Soyez convaincu que vous êtes toujours à la bonne place, à la place qui vous revient, que vous faites ce que vous aimez faire, dans le bonheur et la prospérité qui vous sont donnés par la grâce de Dieu. Le succès ne tardera pas, car tout ce que vous avez imprimé à votre subconscient se manifestera dans la réalité de votre vie.

Neuf à la troisième place signifie: *Je me souviendrai en leur faveur de l'alliance conclue avec leurs aïeux...* (Lévitique, 26:45.) Les aïeux ou les ancêtres figurent le commencement. Au commencement, il y a Dieu. Cela veut dire que l'Esprit de Dieu — le I-Ching l'appelle "l'illustre ancêtre" — est le grand aïeul commun, le père de tous les hommes et de toutes les choses. Vous faites partie de l'Esprit divin. Les ennemis se trouvent toujours en vous: il s'agit de la peur, de l'envie, de la convoitise, de la haine. La prière efface tout mal. Le mal qui afflige l'humanité se manifeste sous forme de peur, d'ignorance, de superstition. Mais que deviennent toutes les attitudes négatives lorsque vous contemplez les vérités de Dieu? Elles perdent leur pouvoir et elles cessent d'exister. Pratiquez la Règle d'or et traitez tout le monde comme vous aimeriez qu'on vous traite. Alors, vous progresserez et vous réussirez.

Six à la quatrième place signifie: *...et la torpeur fait porter des haillons.* (Proverbes, 23:21.) Celui qui fait preuve de torpeur à l'égard des vérités divines et qui ignore les forces divines demeurant en lui deviendra une victime de l'esprit de masse avec toutes ses jalousies, ses intrigues, ses peurs et ses agressions, qui sont symbolisées par les "haillons". Il est écrit dans la Bible: *...montrez-vous donc prudents comme les*

serpents et candides commes les colombes. (Matthieu, 10:16.)
Soyez suffisamment perspicace et vigilant pour vous rendre
compte de ce qui se passe. Soyez sur le qui-vive, soyez attentif
et ouvert, à la fois aux conseils de votre voix intérieure et à
ceux qui viennent du dehors. Refusez de faire des compromis
avec la vérité. L'homme qui est animé par la vérité divine est
sans fausseté: il est candide comme la colombe, symbole de la
pureté et de la paix.

Neuf à la cinquième place signifie: *Que m'importent
vos innombrables sacrifices, dit Yahvé, Je suis rassasié des
holocaustes de béliers... au sang des taureaux, des agneaux et
des boucs, je ne prends pas plaisir.* (Isaïe, 1:11.) Bon nombre
de gens pratiquent des rites et des cérémonies: ils font des
pèlerinages, ils jeûnent et ils observent les commandements
et les lois de leur religion; malgré cela, leur vie est chaotique et
tragique. Ce sont des "sacrifices" inutiles. Toutes les activités
extérieures sont dépourvues de sens si elles ne vont pas de pair
avec un changement dans votre coeur. Seulement ce que vous
croyez réellement au plus profond de votre coeur deviendra
manifeste et visible dans votre vie, et non pas simplement ce
à quoi vous adhérez avec votre raison. Ceci est vrai également pour vos désirs. Affirmez avec conviction et sentiment:
"Dieu m'a donné ce désir; je le nourris avec amour et je sais
qu'à présent il pénètre dans mon subconscient. Avec l'aide
de Dieu il se réalisera."

Six en haut signifie: *Ne vous souvenez plus des événements anciens, ne pensez plus aux choses passées.* (Isaïe,
43:18.) Le passé est mort. Lorsque vous vous retournez pour
regarder en arrière, vous ne pouvez pas avancer. Il est
insensé de s'arrêter près d'une fosse dans laquelle vous seriez
tombé auparavant. Ne perdez pas votre temps à remémorer
les pertes et les blessures que vous avez subies antérieurement.

Changez votre façon de penser, une fois pour toutes. Votre avenir, c'est votre pensée actuelle devenue manifeste. Si vous ressassez les expériences négatives du passé, cela signifie que vous y consacrez votre pensée actuelle. Puisque votre pensée est créatrice, vous vous préparez ainsi des ennuis pour l'avenir. Cessez de regarder en arrière et vous progresserez.

64. Wei Tsi / Avant l'accomplissement

☲ En haut Li, ce qui s'attache, le feu

☵ En bas K'an, l'insondable, l'eau

Le jugement

Attrapez-nous les renards, les petits renards ravageurs des vignes... (Cantique des Cantiques, 2:15.) Comme les "renards dans la vigne", les peurs, les tracas et les doutes ravagent votre esprit et vous gâchent les bonnes choses de la vie. Les peurs, les tracas, les doutes engendrent à coup sûr difficultés et échecs. Priez ainsi: "Dieu est guide et mon conseil. Je n'ai pas de crainte, car Dieu est avec moi — Dieu qui est présence et puissance uniques. J'avance sur le bon chemin. Je suis en paix." Ce que vous commencez dans la foi en Dieu se terminera par un succès.

L'image

...en toutes tes démarches, reconnais-Le et Il aplanira tes sentiers. (Proverbes, 3:6.) Que vous entrepreniez un voyage ou n'importe quel autre projet, vous devriez toujours les commencer avec Dieu. Affirmez avec conviction: "Dieu est mon

aide toujours présente. Dieu m'aime, il me conduira à bon port." Ainsi vous parviendrez à harmoniser tout ce qui vous tient à coeur. Vous atteindrez votre but.

Les traits

Six au commencement signifie: *Le voici maintenant le moment favorable, le voici maintenant le jour du salut.* (Corinthiens, II, 6:2.) Le "salut" signifie la solution de votre problème: celle-ci est toujours à votre portée, puisque dans l'esprit il n'y a ni temps, ni espace. Cependant, le temps et l'espace existent dans le monde tridimensionnel où nous vivons. C'est maintenant "le moment favorable" pour vous recueillir. Lisez le Psaume 23 et croyez ce qui s'y trouve. Mettez de l'ordre dans vos pensées et dans vos sentiments, et attendez d'être en paix avant d'agir. Agissez alors avec foi et confiance et vous réussirez.

Neuf à la deuxième place signifie: *...bien éprouvée, votre foi produit la constance.* (Jacques, 1:3.) Ne soyez pas craintif. La crainte, c'est la foi mal placée. La hâte engendre l'échec. Croyez fermement que vous pouvez mener à bien toutes vos entreprises grâce à la force de Dieu qui vous soutient. Avancez, tout en gardant bien cette idée à l'esprit. Soyez constant et patient, soyez convaincu que vous réussirez toujours ce que vous commencez avec Dieu.

Six à la troisième place signifie: *...tu assureras la paix, la paix qui t'est confiée.* (Isaïe, 26:3.) N'allez pas de l'avant, n'acceptez pas de tâches tant que votre esprit n'est pas apaisé. Quoi que vous entrepreniez, votre première démarche doit consister à vous accorder à la sagesse infinie de Dieu. Soyez implicitement convaincu que vous accomplirez votre tâche avec l'aide de Dieu et vous réussirez. Par cette attitude, vous attirerez des personnes qui vous aideront à réaliser le désir de votre coeur.

Neuf à la quatrième place signifie: *Ce Dieu qui me ceint de force et rend ma voie irréprochable.* (Samuel, II, 22:33.) Rendez-vous compte que l'amour de Dieu vous précède et qu'il aplanit vos sentiers. Lorsque la peur, les soucis et les doutes vous assaillent, rejetez-les aussitôt en vous disant: "Je suis capable de mener à bien toutes choses, grâce à l'aide de Dieu qui me soutient." Pensez déjà à la joie qui sera la vôtre quand vous aurez vaincu les difficultés. La voie qui mène au but est en train de s'ouvrir.

Six à la cinquième place signifie: *La richesse et la gloire te précèdent, tu es maître de tout...* (Chroniques, I, 29:12.) Votre richesse est votre foi et votre confiance en Dieu; ce sont elles qui vous donnent assurance et sagesse. Vous êtes illuminé par la lumière de Dieu et vous rayonnez amour et bienveillance envers tous. La plénitude de Dieu se répand sur vous sans réserve. Vous prospérerez sur les plans spirituel et matériel.

Neuf en haut signifie: *Ils sont pleins de vin doux.* (Actes, 2:13.) Dans le I-Ching comme dans la Bible, le vin est synonyme de joie et de gaieté. L'homme ressent de la joie au moment de vaincre un obstacle, au moment de l'accomplissement. Reconnaissez que votre plus grande joie, c'est Dieu. La conscience de son amour et de sa sagesse vous donnent santé et sécurité, joie et gaieté, sagesse et force.

Tableau pour l'identification des hexagrammes tracés

Trigrammes supérieurs ▶ inférieurs ▼	K'ien	Tchen	K'an	Ken	K'ouen	Souen	Li	Touei
K'ien	1	34	5	26	11	9	14	43
Tchen	25	51	3	27	24	42	21	17
K'an	6	40	29	4	7	59	64	47
Ken	33	62	39	52	15	53	56	31
K'ouen	12	16	8	23	2	20	35	45
Souen	44	32	48	18	46	57	50	28
Li	13	55	63	22	36	37	30	49
Touei	10	54	60	41	19	61	38	58

Table des matières

Lithographié au Canada
sur les presses de
Métropole Litho Inc.

Ouvrages parus chez

 le jour, éditeur

sans * pour l'Amérique du Nord seulement
* pour l'Europe et l'Amérique du Nord
** pour l'Europe seulement

COLLECTION BEST-SELLERS

* **Comment aimer vivre seul,** Lynn Shahan
* **Comment faire l'amour à une femme,** Michael Morgenstern
* **Comment faire l'amour à un homme,** Alexandra Penney

* **Grand livre des horoscopes chinois, Le,** Theodora Lau
* **Maîtriser la douleur,** Meg Bogin
* **Personne n'est parfait,** Dr H. Weisinger, N.M. Lobsenz

COLLECTION ACTUALISATION

* **Agressivité créatrice, L',** Dr G.R. Bach, Dr H. Goldberg
* **Aider les jeunes à choisir,** Dr S.B. Simon, S. Wendkos Olds
* **Au centre de soi,** Dr Eugene T. Gendlin
* **Clefs de la confiance, Les,** Dr Jack Gibb
* **Enseignants efficaces,** Dr Thomas Gordon
* **États d'esprit,** Dr William Glasser

* **Être homme,** Dr Herb Goldberg
* **Jouer le tout pour le tout,** Carl Frederick
* **Mangez ce qui vous chante,** Dr L. Pearson, Dr L. Dangott, K. Saekel
* **Parents efficaces,** Dr Thomas Gordon
* **Partenaires,** Dr G.R. Bach, R.M. Deutsch
* **Secrets de la communication, Les,** R. Bandler, J. Grinder

COLLECTION VIVRE

* **Auto-hypnose, L',** Leslie M. LeCron
* **Chemin infaillible du succès, Le,** W. Clement Stone
* **Comment dominer et influencer les autres,** H.W. Gabriel
* **Contrôle de soi par la relaxation, Le,** Claude Marcotte
* **Découvrez l'inconscient par la parapsychologie,** Milan Ryzl
* **Espaces intérieurs, Les,** Dr Howard Eisenberg

* **Être efficace,** Marc Hanot
* **Fabriquer sa chance,** Bernard Gittelson
* **Harmonie, une poursuite du succès, L',** Raymond Vincent
* **Miracle de votre esprit, Le,** Dr Joseph Murphy
* **Négocier, entre vaincre et convaincre,** Dr Tessa Albert Warschaw

COLLECTION VIVRE SON CORPS

COLLECTION IDÉELLES

HORS-COLLECTION

Autres ouvrages parus aux Éditions du Jour

ALIMENTATION ET SANTÉ

ART CULINAIRE

Armoire aux herbes, L', Jean Mary
Bien manger et maigrir, L. Mercier,
C.B. Garceau, A. Beaulieu
Cuisine canadienne, La, Jehane
Benoit
Cuisine du jour, La, Robert Pauly
Cuisine roumaine, La, Erastia Peretz
Recettes et propos culinaires, Soeur
Berthe
Recettes pour homme libre, Lise
Payette

Recettes de Soeur Berthe — été,
Soeur Berthe
Recettes de Soeur Berthe — hiver,
Soeur Berthe
**Recettes de Soeur Berthe — prin-
temps,** Soeur Berthe
Une cuisine toute simple,
S. Monange, S. Chaput-Rolland
Votre cuisine madame, Germaine
Gloutnez

DOCUMENTS ET BIOGRAPHIES

100 000ième exemplaire, Le,
J. Dufresne, S. Barbeau
40 ans, âge d'or, Eric Taylor
Administration en Nouvelle-France,
Gustave Lanctôt
Affrontement, L', Henri Lamoureux
Baie James, La, Robert Bourassa
Cent ans d'injustice, François Hertel
Comment lire la Bible, Abbé Jean
Martucci
Crise d'octobre, La, Gérard Pelletier
Crise de la conscription, La, André
Laurendeau
D'Iberville, Jean Pellerin
Dangers de l'énergie nucléaire, Les,
Jean-Marc Brunet
Dossier pollution, M. Chabut,
T. LeSauteur
Énergie aujourd'hui et demain, Fran-
çois L. de Martigny
Équilibre instable, L', Louise Deniset
Français, langue du Québec, Le,
Camille Laurin
Grève de l'amiante, La, Pierre Elliott
Trudeau

**Hiérarchie ethnique dans la grande
entreprise,** Jean-Marie Rainville
Histoire de Rougemont, L', Suzanne
Bédard
Hommes forts du Québec, Les, Ben
Weider
Impossible Québec, Jacques Brillant
Joual de Troie, Le, Marcel Jean
Louis Riel, patriote, Martwell Bows-
field
Mémoires politiques, René Chalout
**Moeurs électorales dans le Québec,
Les,** J. et M. Hamelin
Pêche et coopération au Québec,
Paul Larocque
**Peinture canadienne contemporaine,
La,** William Withrow
Philosophie du pouvoir, La, Martin
Blais
Pourquoi le bill 60? Paul Gérin-Lajoie
**Rébellion de 1837 à St-Eustache,
La,** Maximilien Globensky
Relations des Jésuites, T. II
Relations des Jésuites, T. III
Relations des Jésuites, T. IV
Relations des Jésuites, T. V

ENFANCE ET MATERNITÉ

Enfants du divorce se racontent, Les, Bonnie Robson

Famille moderne et son avenir, La, Lynn Richards

ENTREPRISE ET CORPORATISME

Administration et la prise, L', P. Filiatrault, Y.G. Perreault

Administration, développement, M. Laflamme, A. Roy

Assemblées délibérantes, Claude Béland

Assoiffés du crédit, Les, Fédération des A.C.E.F. du Québec

Coopératives d'habitation, Les, Murielle Leduc

Mouvement coopératif québécois, Gaston Deschênes

Stratégie et organisation, J.G. Desforges, C. Vianney

Vers un monde coopératif, Georges Davidovic

GUIDES PRATIQUES

550 métiers et professions, Françoise Charneux Helmy

Astrologie et vous, L', André-Pierre Boucher

Backgammon, Denis Lesage

Bridge, notions de base, Denis Lesage

Choisir sa carrière, Françoise Charneux Helmy

Croyances et pratiques populaires, Pierre Desruisseaux

Décoration, La, D. Carrier, N. Houle

Des mots et des phrases, T. I, Gérard Dagenais

Des mots et des phrases, T. II, Gérard Dagenais

Diagrammes de courtepointes, Lucille Faucher

Dis papa, c'est encore loin?, Francis Corpatnauy

Douze cents nouveaux trucs, Jeanne Grisé-Allard

Encore des trucs, Jeanne Grisé-Allard

Graphologie, La, Anne-Marie Cobbaert

Greffe des cheveux vivants, La, Dr Guy, Dr B. Blanchard

Guide de l'aventure, N. et D. Bertolino

Guide du chat et de son maître, Dr L. Laliberté-Robert, Dr J.P. Robert

Guide du chien et de son maître, Dr L. Laliberté-Robert, Dr J.P. Robert

Macramé-patrons, Paulette Hervieux

Mille trucs, madame, Jeanne Grisé-Allard

Monsieur Bricole, André Daveluy
Petite encyclopédie du bricoleur, André Daveluy
Parapsychologie, La, Dr Milan Ryzl
Poissons de nos eaux, Les, Claude Melançon
Psychologie de l'adolescent, La, Françoise Cholette-Pérusse
Psychologie du suicide chez l'adolescent, La, Brenda Rapkin
Qui êtes-vous? L'astrologie répond, Tiphaine

Régulation naturelle des naissances, La, Art Rosenblum
Sexualité expliquée aux enfants, La, Françoise Cholette-Pérusse
Techniques du macramé, Paulette Hervieux
Toujours des trucs, Jeanne Grisé-Allard
Toutes les races de chats, Dr Louise Laliberté-Robert
Vivre en amour, Isabelle Lapierre-Delisle

LITTÉRATURE

À la mort de mes vingt ans, P.O. Gagnon
Ah! mes aïeux, Jacques Hébert
Bois brûlé, Jean-Louis Roux
C't'a ton tour, Laura Cadieux, Michel Tremblay
Coeur de la baleine bleue, (poche), Jacques Poulin
Coffret Petit Jour, Abbé J. Martucci, P. Baillargeon, J. Poulin, M. Tremblay
Colin-maillard, Louis Hémon
Contes pour buveurs attardés, Michel Tremblay
Contes érotiques indiens, Herbert T. Schwartz
De Z à A, Serge Losique
Deux millième étage, Roch Carrier
Le dragon d'eau, R.F. Holland
Éternellement vôtre, Claude Péloquin
Femme qu'il aimait, La, Martin Ralph
Filles de joie et filles du roi, Gustave Lanctôt
Floralie, où es-tu?, Roch Carrier
Fou, Le, Pierre Châtillon
Il est par là le soleil, Roch Carrier

J'ai le goût de vivre, Isabelle Delisle
J'avais oublié que l'amour fût si beau, Yvette Doré-Joyal
Jean-Paul ou les hasards de la vie, Marcel Bellier
Jérémie et Barabas, F. Gertel
Johnny Bungalow, Paul Villeneuve
Jolis deuils, Roch Carrier
Lapokalipso, Raoul Duguay
Lettre à un Français qui veut émigrer au Québec, Carl Dubuc
Lettres d'amour, Maurice Champagne
Une lune de trop, Alphonse Gagnon
Ma chienne de vie, Jean-Guy Labrosse
Manifeste de l'infonie, Raoul Duguay
Marche du bonheur, La, Gilbert Normand
Meilleurs d'entre nous, Les, Henri Lamoureux
Mémoires d'un Esquimau, Maurice Métayer
Mon cheval pour un royaume, Jacques Poulin
N'Tsuk, Yves Thériault
Neige et le feu, La, (poche), Pierre Baillargeon

SPORTS

Imprimé au Canada/Printed in Canada